# 重啟人生的17個練習

羅志仲——著

# 目次

PART 2

# 接納自己 書信練習

我願意看見、承認內在的傷痛，我願意擁抱它們，我也願意原諒、接納自己。

PART 3

# 改變自己　自由書寫

當接納之輪開始轉動，你的世界也隨之改變。

PART 4

## 安頓自己 回到當下

無法停止思考、難以活在當下，正是人類痛苦的根源。

推薦序

# 改動內在的溫柔引導

李崇建

東海大學有一傳統：每個進入大一的新生，都分配一位大二學生，熟悉大學的學習與生活，稱之為「直屬」學長姐。

一九九三年我已經大四了，迎來剛入大一的羅志仲。

大二、大三的學妹領著大一的學弟，由大四的學長做東請客，學生們稱之為「家族聚餐」，那是我第一次見羅志仲。我記得秋日的傍晚，天色已經昏暗了，聚餐的食堂燭光也幽暗，未料，志仲的臉色更黯淡。

志仲看來很不開朗，眉宇間鎖著幾重憂愁，是個很難聊天的人。我倚老賣老說了整晚，也換不來他幾句回應。

大學期間我們少見面，只有開學聚餐相遇，畢業後我們斷了聯絡。

二〇〇四年我們分別十年，十年之間幾乎無交集。一日，我突然收到志仲的信，他得知我在山中教書，來信欲往山中一敘，並且在我學校住一晚。他的來信連結與小住，讓我感到十分驚訝，那不是我印象中的志仲，我印象中他不與人連結，又怎麼會訪友過夜？可見人有其豐富面向。

我於二〇〇五年離開山中，在台中創立了作文班，斷續與志仲有些連結，直到二〇一三年左右，幾乎又過了一個十年，他未找到專任教職，屈尊到寫作班觀課，我們才每週頻繁見面。

本書提到那段歲月，他在作文班觀課，偶爾去上成長課程，我們經常一起談話，彼時他雖然木訥寡言，但相較初識時已不同，只是說話速度緩慢，停頓的時刻比較久。

當時，我學習薩提爾模式十餘年，又經過艾克哈特．托勒的書學習，對於緩慢說話與停頓，不僅能接納且非常欣賞。志仲當年狀態或許壓抑？但他對於當年「學長」敬重，且對於我的邀請與分享，志仲除了專注傾聽之外，更身體力行的實踐。

我很少見過如此真誠、開放且認真的人。

志仲遇到生活的困頓，遇到溝通的阻礙，經常詢問求解，大至母親的離去，父親的生病安置，小至演講的挫折，個人身體的病痛，他都真心的學習探索。

他是清華大學中文博士，以博士之尊觀課兩年，探索作文「小道」；願意在小學生課室試講；願意詢問日常困境與心靈；曾經上台搞砸與怯場，卻仍願接下講座試煉；對於不熟悉的領域，他開放自己學習。他一次次進行嘗試，而且只問如何嘗試，不計成功與失敗的結果。

對我而言，他是學習者的典範。

他進入身心靈學習，總是謙稱自己運氣好，實則看在我的眼裡，他是最真誠認真之人。二〇一三年見過志仲的朋友，好幾位曾評價他高、瘦、寡言、佝僂、總在角落……他一路學習有所成長，當初曾見過志仲的朋友，皆形容他樣貌轉換之大，變得清瞿、精神、專注、有力量，並且訝異他的深刻。

志仲是怎麼變化的？從一個憤怒抑鬱，內在看似糾結不快樂，與父親十八年不說話，與外界沒有熱絡連結，走上最高學歷卻經歷失業，又遭逢最至親意外離世，從原本困頓的局限，再到經歷這些重大挫折，卻變身而為眾多學習者老師，常感到他平靜與深刻的能量，這一切我常覺得「妙不可言」。

他如何走過這一段路，此書有詳細的說明。

他以自身狀況為圓心，圍繞幾個故事敘述，反覆提及困頓的過往，也是常人易困住之處，他以身心為例證分享，相信很多相同經驗的人，會感到心有戚戚焉。他詳細分享自己的變化，這些變化包括行動、觀點、感受的連結，如何進行自我改變？不再複製舊有的慣性，也不再認同過往的自己。

他從而提煉出十七個練習，這些練習相當細膩，尤其以他的故事為背景，再佐以他的引導示範，更能清楚練習如何進行，這是心靈改造的工程，我相信這些練習的能量，可以為人們帶來改變。

讓我最驚訝驚奇之處，是他將回溯、應對、接納、價值、愛、自由、感受、轉念、資源、個人年表、家庭圖像羅列，將這些概念融入練習，整合得如此貼切細膩，也整合得如此動人。乍看這些練習框架完整，細看即知他在細節的工作。

各位讀者若曾閱讀其他練習書，不妨與此書的練習比較，將會發現此書更易深入，更易引人進入幾個關鍵處，這是這本書成功之處，除了真誠的故事為背景，以細貌的引導為引信，讓讀者進入他安排的結構，不知不覺改動了自我內在。

在我個人的印象裡，志仲對我極為尊重，常謙稱受我提攜，書中亦可見一端，實則他為人謙沖，我對他幫助僅幾次，且不需絲毫力氣，僅是舉手之勞而已，他卻一直掛心至今。他的成長乃勤學使然，亦是他願意坦誠，還有，不斷嘗試的創造力使然，他在對話、助人與身心靈的功課上，有太多部分讓我學習。

志仲選擇在今年出書，恰好是我們認識三十年。回首我們三十年前的初識，我完全未料日後會交集，因為他與人連結甚微，內在抑鬱展現在形貌上，實在難以讓人親近，而我也甚少與人互動。然而，當年過從甚密的同學們，如今早已不再聯絡，我與志仲意外多所連結，這是意識與命運所形塑。

我一直記得三十年前的秋暮，那個昏暗的食堂內，志仲還是個黯淡青年，我腦海浮現這幕的時刻，很想告訴當年的志仲：你將開拓更寬廣的世界，擁有意料外的能量，拋棄你所學習的包袱，我將為你感到尊敬與榮幸。

相信所有展開此書的學習者們，也能開拓更大的世界，擁有深刻平靜且廣闊的能量，獲得來自宇宙的深深祝福。

（本文作者為薩提爾推手、暢銷作家）

推薦序

# 邁向自由的內在覺醒之路

畢柳鶯

我是一個外在成功，內在極不穩定甚至可以說是不快樂的人。自卑、焦慮、急躁、完美主義，永遠在自責自己不夠好。成人以後一直都在追尋能夠安頓內在的方法，宗教、閱讀、打坐，看似有點幫助，其實效果有限。

一直到新冠疫情期間，我密集上了兩年多的身心靈課程，才有了真正的改變。人說江山易改，本性難移，六十五歲以後還能學習新知，改變心性，套句羅志仲老師常說的話：「我值得給自己一個讚美。」我是一個活生生的例子，只要願意開始，永遠不嫌晚。

我上過李崇建、張瑤華、張天安老師的薩提爾冰山課程，參加周志建老師的靜心營，上課時數最多的是羅志仲老師。包括靜心課、自由書寫、薩提爾對話、托勒《一個新世界》《修練當下的力量》讀書會，還有數十次的ＦＢ直播、線上音頻課程，直播和音頻可以反覆聽。老師那不疾不徐、平靜的語氣，讓人立刻冷靜下來。

我個人覺得最震撼的是托勒兩本書的讀書會，其他所有的身心靈課程則有相輔相成的功用。托勒的書寫內容是主因，但是若沒有羅老師上百次的閱讀，以及數年不懈地練習後的心得來引導，我沒有辦法那麼快的領略其中深意，也可能不知練習的要領。

就如老師書中所言，托勒讓我驚覺自己腦中有個聲音喋喋不休，不是活在過去、就是活在未來，難怪長期失眠。我們被外在的因素牽著鼻子走，沒有與自己的內在連結，甚至不認識自己。所以向內覺察就是第一個功課，覺察自己的情緒和感受，在日常生活中隨時回到呼吸、靜心、臨在，是一個節省能量、安然平靜最好的方法。活在當下四個字，看來簡單，真正的內涵和作法，老師舉了很多生活上的例子並做了讓人印象深刻的說明。真正領略，又能頻繁應用，學習就已經成功了一半。

羅老師的一個特色是他向很多大師學習，托勒以外，還有薩提爾、阿迪亞香提、薩古魯、奧修等等，他把這些大師的精華融會貫通以後，以自己在生活中學習、實驗的心得，加上自己的新見解和自創的方法，分享給大家。對學員來說事半而功倍。

另外一個特色是老師擅長用他自己的生命故事，說明遭遇各種大大小小的打擊與挫折時，他如何利用所學來度過或者化解那些難關。常有令人豁然開朗、甚至會心一笑的美好體驗。而老師所經歷的事件，通常是許多人都會遇見的，會產生很深的共鳴。

老師在學習的過程中，經常向崇建老師或其他老師求助，看崇建老師如何與他對話，讓他自己看見心結，找到化解的方法，也是很愉悅的閱讀經驗。

我上過老師有關「情緒清單」應用的課程，印象深刻，在日常生活中學習覺察自己的情緒，與情緒在一起，接納情緒，對我幫助非常大，家人都明顯感受到我沒有那麼容易生氣了（容易自責的人，其實也常挑剔他人）。看了這本書，才知道老師已經又發展出多種清單的自由書寫，可以在更多不同狀況時應用，非常推薦。書中體貼的詳述各種練習的步驟，一回生，兩回熟，常做練習，進入體驗，是最有效的學習方式。

書中最後一篇〈山居歲月〉非常美，文學性、靈性、智性兼具。真的，大自然永遠不會傷害我們，是人類最好的朋友，也是練習活在當下最好的場域。感受當下的美好，不被過去與未來捆綁，你就自由了。

祝福所有讀者與其家人！因為只要家中有一人用心學習，先改變自己（不是要求別人改變喔），家庭中的互動與氣氛自然而然會有所不同。

（本文作者為復健科醫師，著有《斷食善終》《有一種愛是放手》）

推薦序

# 改頭換面的人生，他是怎麼做到的？

陳志恆

多年前的一個晚上，志仲北上訪友，順道來聽了一場我在某校的親職教育講座。會後，他來和我相認，給了我一些聽講後的回饋。我告訴他，更早之前，我曾經在某校的研習中，也聽過他的分享，印象深刻，但當時沒有鼓起勇氣去找他交談。

事實上，早在我還在學校任教時，我與他就有一面之緣。當時，同事邀請他到校帶領學生「自由書寫」。課程結束後，他來到辦公室；我對他熱情打招呼，他卻只是面無表情地點個頭。

當時，我很疑惑，這個人如此冷漠，是如何帶領心理工作的呢？

後來，當我們有機會聊更多時，他總是說，他給人的印象就是「冷漠」，希望我不會介意。實際和他接觸後，發現，其實他只是外表嚴肅，不善社交，內心是熱情的，有許多想法可以分享。

正如同他在書中寫的一則又一則的生命故事，談的是如何從谷底反彈，逐漸蛻變的經歷。而在轉化與成長過程中，有幾個對他而言最有感，也幫助最大的工具或練習，包括清單、書信、自由書寫，以及靜心等，也帶領讀者一一練習。

既然是技巧練習或工具運用，大概是一本心理成長的工具書吧！然而，當我細讀內容，令我最有感的卻是志仲在其中分享的生命故事。一方面，志仲列出這些工具的操作步驟；另一方面，他也娓娓道來自己的某些際遇、遇到的某些人，現在回頭省視帶來的啟發。

書中提到：「理解會帶來接納」，我是特別同意的。助人工作常在幫助當事人自我理解，進而能自我接納。

志仲在書中自我揭露，他是一個容易放棄的人。

這原本是令他感到困擾的特質（或行為模式），但當他能深入理解，並看見放棄的背後原來是份名為「彈性」的資源，讓他有機會更快地跳脫困局（博士班畢業後找不到工作），進而嘗試新的可能；於是，他開始能接納自己的放棄，並懂得有意識的放棄（放過自己），而非被慣性的放棄（做不到就逃避）給再度困住。

如果你是一個沒有目標、缺乏熱情、自信不足，甚至時常裹足退縮，卻又為此自我厭惡的人，你會對本書分享的每一則故事深感共鳴，甚至找到一些再度向前的力量。

讀這本書很療癒，字裡行間傳遞出安定的氣息，而非如某些心理勵志書籍不斷鼓吹你要如何向前衝，常令人倍感壓力。要讓讀者有如此閱讀體驗，作者本身也得內心安定才行。

就我所知，這幾年志仲除了演講之外，也做了許多不同的嘗試，包括：寫臉書粉絲專頁、開直播、刻意找人聚會、搬家等，甚至，提筆撰寫這本書，都是他的生活實驗。這些嘗試都是有意識的選擇，而非如過去是迫於無奈。

因為充分自我接納，而願意允許更多可能性發生在自己的生命中，就此改頭換面，生命更加豐富圓滿。

（本文作者為諮商心理師、暢銷作家、臺灣NLP學會副理事長）

推薦序

# 落實內在生活，獲得人生幸福

羅寶鴻

話不多但誠懇、人不健談但親切，聲音低沉卻有溫度、眼神溫和但堅定，是我第一次認識志仲老師時給我的印象。

當時的他給我一種「行者」（修行者）的氣質。後來知道他也是薩提爾學習者，而且重視靜心，是一位內在生活的實踐者。

或許因為大家都姓羅，也或許因為大家都有著共同興趣，所以有時志仲來新竹工作，我們會碰面吃飯，彼此交流。

我喜歡看志仲的文章，因為我欣賞他文如其人，樸實無華卻有深度。我也喜歡看志仲的直播，因為在其木訥面無表情、厚重深色的眼鏡下，他卻常說出讓人內心觸動的話語。這對比十分有趣卻毫不違和。為什麼不違和？因為這就是他多年內在生活所帶來的涵養，表裡如一不造作，讓人看得很舒服啊。

後來聽志仲說，其實他剛開始在臉書直播時，會來我的直播潛水學習。但我想他不知道的是，其實我也看他的直播並從中學習很多。雖然我們見面次數不多，卻一直彼此連結著。我想，這就是文人之間的惺惺相惜吧。

去年，志仲推出有聲課程「用三十天重新愛上自己」，我有替他大力推薦。今年，志仲推出人生第一本書，很榮幸能再次受邀寫推薦文，我欣然答應。

志仲的書以自己的生命故事展開，帶出關愛自己的方向與方法，提供實際練習，是貼近人心又能幫助心靈成長的好書。他的文筆順暢自然，文字真摯，閱讀起來很舒服，令人欲罷不能。

書中提到志仲當年經歷生命低潮時，如何開始內在生活，幫助自己從谷底慢慢爬出來。又說起多年前母親車禍後，如何走出痛失至親的傷痛。更細述如何與十八年不說話的父親和解，並好好地陪伴父親走到生命最後。

如果你正希望學習如何關愛自己、照顧自己內心，本書正好能提供你很好的方向與方法，是不可多得的實踐指南。如果你想要創造自己與他人更美好的關係，不論是與父母、伴侶或孩子，本書也絕對能幫助你有所成長。

看完書稿後，我不但對內在生活有一番溫故知新，更體驗到深深的溫暖與感動。這份感動，是從志仲如何對他的母親與父親中來的。

因為愛媽媽，所以從媽媽身上體驗到「無條件的愛與接納」，在他生命最黑暗與沉淪的時期有如明燈指引，進而讓他成為充滿溫暖與接納的成人。

因為愛爸爸，所以在母親離世後，志仲開始嘗試與父親和解，從彼此打死不講話到後來能促膝而談，在對話裡交心，為父親的生命劃上美好與圓滿的句點。

從這些真實故事裡，我看到一位愛爸爸愛媽媽的好孩子，如何得到上天的眷顧，幫助他走出生命的黑暗，迎向人生的光明。

常云：「天下沒有不是的父母」，我卻在志仲身上看到：「天下沒有不愛父母的孩子」。

或許現在，我們跟父母的關係不太好，彼此沒有太多連結，可能在成長過程裡，雙方曾經有太多的衝突與受傷。或許現在，我們跟孩子的關係不太好，彼此已經漸行漸遠，因為在他們成長過程裡，彼此曾經有太多的失望與難過。

透過志仲這本書，我們將能學習到為人父母，可以怎麼修復與孩子的關係。已經成人的兒女，也可以學習怎麼重新面對父母。個中關鍵，其實都在先照顧好自己的內在，開始進入「內在生活」。

本書為我們揭露了人生真正的幸福，最終必須從內在生活裡獲得。外在一切人事物的攀緣，或許最後都無法保障我們一定會幸福美好。若我們希望家庭關係好，親子關係好，夫妻關係好，我們就必須從回到自己內在，學習關愛與接納自己開始。

當內心柔軟而茁壯，和善且堅定，我們就能漸漸不為外界所轉，而能開始轉變外界。志仲已經用他的生命歷程印證這個真理了。

若我們能如志仲一般，對生命有如此認知，開始落實「內在生活」，我們內心將會變得更自由，視野也因此變得更遼闊。

我們將會變得更美好；身邊的人，也會變得更美好。我們一起努力。

（本文作者為蒙特梭利親職教育專家、暢銷作家）

## 自序
# 從人生谷底到活出自己

二〇〇八年九月，我取得中文博士學位。拿著畢業證書，走在清華大學的楓林小徑上，整個人輕飄飄的，彷彿漫步雲端，感覺很不真實。

當時，我還不知道，那也是我學術生涯的雲端，儘管我還未進入學術界。

畢業後不久，有朋友建議我，先去申請助理教授證，以便在各大學兼課。對於這個建議，我嗤之以鼻，認為根本沒有必要，短則半年，多則一年，我很快就能在大學裡找到專任工作，正式踏進學術圈。

半年過去了，一年過去了，專任工作始終沒有著落，我開始感覺事情有些不對勁，只好摸摸鼻子，硬著頭皮，去申請助理教授證，以作為長期抗戰之用。兩年過去後，還是找不到專任工作，我決定放棄不找了。在我的同儕裡，我大概是最早放棄的。

接下來的人生，我不知道該怎麼辦。轉行嗎？我只會念書，要轉去哪一行？還是繼續在大學兼課，每學期都在為下學期仍否有課可教而擔心受怕？

我從虛幻的雲端，跌入了真實的谷底。

二〇一三年六月，距今整整十年前，我在無意間參加了薩提爾模式工作坊。當時，我根本不知道那是什麼，也不知道我的人生竟會從此改天換地。當然，這並不是說，在那之後我就變成另一個人，從此過著幸福快樂的日子。不是的，真實的人生不是童話故事，不是這樣運作的。

真實的人生是：在那之後，我才逐漸知道自己怎麼了，逐漸知道自己為何會把人生過成那個樣子。

原來，我並不認識自己，也不愛自己，就算拿到博士學位，博覽群書，我對自己還是很陌生。我的學術本業是中國古典文學，我對許多文學家的生平、心理瞭若指掌，卻不認識自己。

我不知道自己為何會常鬱鬱寡歡、憤世嫉俗？也不知道自己為何會和父親十八年不說話？不知道自己為何會常輕易放棄？更不知道自己為何會未老先衰，身體有那麼多狀況？

我統統不知道。

二〇一三年的那場工作坊，我在王鳳蕾老師的帶領下，初步認識了自己的應對姿態。在張天安老師所帶的冥想裡，我和自己的內在小孩相遇了。而在我的大學學長李崇建（他是其中一位講師）口中，我第一次聽說艾克哈特・托勒*這個人。

薩提爾與托勒，永永遠遠改變了我的人生，幫助我認識自己，進而接納自己、愛自己。

這本書，寫的就是這個歷程與方法。

書中故事，絕大部分是我的生命歷程，下筆時力求真實。有些事件，像是參加薩提爾模式工作坊、母親猝逝、父子和解，數度出現在不同篇章，看似重複累贅，其實所記皆不相同，也是為了兼顧各篇主題與練習而採如此寫法，還請讀者諒察。少數幾篇他人故事，則做了必要修改，以保護他們的隱私。

我能從人生谷底爬出，固然有幸運的因素（有太多貴人相助），但我自己也很努力。例如，崇建推薦的托勒著作，我便反覆讀了上百次，並且天天在生活中練習，至今不輟。

在這段歷程中，有三種工具對我幫助最大：冰山理論、靜心與自由書寫。冰山理論是薩提爾模式裡十分重要的工具，本應在書中多加著墨，考慮到坊間已有不少書籍介紹，在書中便略而不論，但仍會在多篇故事裡談到它對我的影響。今年（二〇二三）正逢薩提爾女士逝世三十五週年，我亦想藉此表達對她的尊敬與感謝。

這本書裡介紹的工具，以「靜心」和「自由書寫」為主，也兼及我常用來與自由書寫搭配的「清單」與「書信」。

在我的學習與教學經驗裡，冰山理論較不易學，靜心、自由書寫、清單、書信則相對容易上手，儘管最理想的學習方式，還是進入實體課堂去親身體驗，但是在無暇參加課程的情況下，這本書裡介紹的方法，還是能對你有幫助。

這些方法，不僅我自己常用，許多來上過課的朋友至今也仍在練習，我們都從中受益甚多。

需要一提的是，我在書中刻意以「回到當下」取代「靜心」一詞，這是因為「靜心」容易給人刻板印象：嚴肅、端正地盤腿而坐，全身靜止不動……這可能會令人望而卻步；二來，我在〈陪伴自己的情緒〉放入「情緒清單」練習，這是我近年來發展出來的工具，其實不算是嚴格定義下的靜心，但仍能幫助我們安頓內在，回到當下。因此，以「回到當下」取代「靜心」一詞，似乎較為適當，但其精神仍然是相通的。

翻開這本書後，你可以帶著輕鬆的心情，只是閱讀書中的故事；也可以抱著好奇的態度，嘗試書中的方法，看看它會對你的內在帶來何種改變。如果你已學過這些方法，亦可再次試試，或許會帶來溫故知新的效果。

倘若你想練習書中方法，卻不喜歡書寫，可以直接嘗試 Part 4「回到當下」的幾種方法。當然，我更想邀請你下筆寫寫看。

書中介紹的書寫方法，與我們小時候所受的作文訓練截然不同。你不必先打草稿，不必言之有物，不必引經據典，不必前後呼應，不必字斟句酌，你只需要大膽、自由、放肆地寫，想到什麼就寫什麼，盡可能手不要停。這種看似亂寫的方式，往往能將你帶到很深刻的地方去，你在其他地方聽到的所謂「放下」「接納」等等，都會在書寫過程中慢慢體驗到。

為了幫助你更有勇氣嘗試下筆，我在書中先安排「清單」這個較簡單的工具，再來是「書信」，最後才是「自由書寫」。儘管名稱各異，使用起來也略有不同，但它們的共通之處都是：自由。

想要探索自己、認識自己、接納自己，我們需要讓自己更自由。在現實世界中，你可能有許多無法自由的苦衷，但在筆下世界，你是全然自由的。而這種筆下的自由，會逐漸滲透到你的生活裡，我在自己身上，在許多勤加練習的學員身上，都看到這種滴水穿石的驚人力量。

感謝這一路上幫助過我的貴人，也感謝我自己，沒有我們的攜手合作，我無法走到今天。

也感謝正在閱讀此書的你，希望這本書能對你有幫助。

深深祝福。

＊艾克哈特．托勒（Eckhart Tolle）：當代最重要的心靈導師與作者之一。他在教導中傳達古代精神啓蒙大師簡單而深刻的訊息：我們可以擺脫痛苦，並找到內心的平和。著有《一個新世界》《修練當下的力量》《當下的力量》（前兩本爲方智出版）。

# PART 1

# 認識自己｜清單練習

如果我連「自己」是什麼都不知道，
要如何接納自己、愛自己呢？

# 了解自會帶來接納

朋友結婚二十年，夫妻倆經常為了一件事而吵架：丈夫在家時，無論白天晚上，總是開著燈。人在客廳，就開客廳的燈；人在房間，就開房間的燈；人在廚房，就開廚房的燈。而且離開時，總是不關燈。

妻子很生氣，認為丈夫太浪費電了，不應該開那麼多燈，應該在離開時隨手關燈。丈夫則認為，這一點電費不算什麼，也不會對兩人的收入造成負擔。況且，滿室燈火通明，會讓他心情大好，而且有安全感。

妻子很不以為然，認為家裡採光良好，白天根本無須開燈就很明亮。晚上是需要開燈，但不必每一個空間都開燈呀。而最讓她困擾的，是丈夫連睡覺時都要開燈，這已嚴重影響她的睡眠，兩人已為此分房好幾年了。

夫妻不知為此「討論」過多少回，但兩人都不肯讓步，都堅持自己是對的，對方是錯的，對方要改變。最後，往往一言不合便吵起來，嚴重時可以幾星期不說話，丈夫照樣開燈，妻子則跟在後面關燈。二十年過去，孩子都念大學了，這個問題依然存在。

你認為誰對誰錯呢？事情要如何解決呢？

## 與其堅持對錯，何不試著理解對方

有次我去拜訪，他們提起此事，又差點吵了起來，妻子請我幫忙「主持公道」。家家有本難念的經，我不想介入他們的紛爭，也不想當判官，幫他們決定誰對誰錯。我比較好奇的是：丈夫是從什麼時候開始在家不關燈的？

妻子語帶哀怨地說：「結婚後就這樣了。」

我問丈夫：「是嗎？」丈夫點點頭。

「結婚前，你也如此嗎？」我帶著好奇，繼續詢問。

丈夫想了一會兒：「是。」

「你有印象，是從什麼時候開始這樣的嗎？」

「這……我倒是沒有想過耶。」

只見丈夫抓抓頭，陷入沉思，久久不語。

妻子正要開口說話，我制止了，請她稍待片刻，讓丈夫好好想想。

大約過了五分鐘，丈夫臉色突然一變，他想起一段孩提往事。

他說，父母在他很小的時候就離婚，他跟著「阿祖」一起生活。「阿祖」是閩南話裡對曾祖父的稱呼。一般所謂隔代教養，多是指小孩跟著祖父母生活，像他這樣隔了兩代，讓阿祖撫養的例子則甚少。

我和他太太聽了，驚訝地面面相覷。

阿祖當時的年紀很大了，根據丈夫的說法，那是隨時都可能死掉的年紀。因此，每天晚上睡覺時，他總是害怕身邊的阿祖突然死掉。他常在夜裡醒來，將食指放在阿祖的鼻腔下，看看是否仍有溫熱的氣息。

有一天半夜醒來，他害怕得睡不著，忍不住將身旁的阿祖搖醒，問說：「我可不可以開燈睡覺？」阿祖答應了。從此，他便養成開燈的習慣，不只在睡覺時開燈，只要人在家裡，他都習慣打開每一盞燈。

丈夫講到這裡時，聲音不禁哽咽起來。我問他原因，他嘆了口氣，說：阿祖過世很久了，他已很少想起阿祖，也早就忘記那段往事，剛剛重新想起，覺得又感傷，又感動。

他停頓了好一會兒，若有所思：「原來我在家會一直開著燈，是這個緣故啊，那就好像阿祖一直陪在我身邊一樣，讓我感到安全……」

妻子聽到這裡，驚訝極了，結婚二十年，她從不知道有這件事。

這一次，輪到妻子陷入沉思，久久不語。

過了一會兒後，妻子開口喃喃自語：「好奇怪，我現在突然可以比較接納他了。」接著說：「我好像可以接納他一直開著燈，雖然我還是覺得那樣太浪費電，但我已經不生氣了，以後他如果繼續這樣……」她停頓了幾秒鐘，說：

「就讓他這樣吧。

「這真是太奇怪了，**他完全沒有改變什麼呀，怎麼我的生氣不見了？原來的生氣跑去哪裡了？**早知道這樣，我們幹嘛為了這種小事吵了二十年？」

我在一旁目睹整個過程，覺得太有意思了。就像妻子說的，丈夫完全沒有改變任何事，為何自己的態度就截然不同了。到底發生什麼事了？

過程中，只有發生一件事：妻子對丈夫多了一份了解。

了解自會帶來接納。

在那之前，夫妻兩人一直在觀點上堅持我對你錯，誰也不願花時間去了解對方。**一旦有了理解，接納便會自然而然發生。**

## 什麼是自己？如何認識自己？

許多人在參加身心靈課程後，學到「接納」這個概念，但是他們很難理解：什麼是接納？要如何接納孩子、伴侶或父母？他們不斷尋尋覓覓，想要知道「接納」的真正意義。

其實，只要去了解就好了。

**先了解對方，才能接納對方。同樣地，唯有先了解自己，才能接納自己。**你完全不需要去細究什麼是「接納自己」，只要先認識自己就好了。

然而，什麼是「自己」呢？

在德爾菲的阿波羅神廟入口處上方，刻著希臘字「Gnothi Seauton」，意思是：認識自己。有多少人來到這座廟，卻沒注意到這幾個字；或者注意到了，卻始終不明白它的真正意涵。

如果連「自己」是什麼都不知道，要如何接納自己呢？要接納哪個自己呢？

這些年，除了「接納自己」，「愛自己」這個詞也很流行，許多人、許多書都在談「愛自己」。但是，同樣的問題：究竟什麼是「自己」？**如果我連「自己」是什麼都不知道，要如何愛自己呢？**要愛哪個自己呢？

那麼，什麼是「自己」？

為了討論方便，我將「自己」分成兩類：一種是靈性上的，一種是人性上的。

對一般人而言，靈性比較抽象、玄虛，除非有從事靈性練習，並有深刻的靈性體驗，否則談論靈性只會淪為頭腦的思辨與想像，沒有太大意義。

因此，我想把重點放在「人性上的自己（我）」，一步步地探索「接納自己」。

**你認識人性上的自己嗎？**我們先做個簡單練習，好好檢視：我是誰？

## 練習1　我是誰清單

這個練習需要你花二十到三十分鐘的時間，請按照以下步驟進行：

**一、準備紙筆，電腦打字亦可。**

**二、以條列的方式，寫一份「我是誰」的清單。**每一句都要用「我是」開頭，連寫十五分鐘。下筆後，盡可能不要停筆，只需憑著直覺往下書寫，不要思考、分析，不要考慮寫出來的內容對不對、合不合理、喜不喜歡、有沒有錯字……

請用輕鬆、玩遊戲的心態來做這個活動。

以我爲例，我可能會這樣寫：

1. 我是羅志仲
2. 我是男的
3. 我是清華大學中文博士
4. 我是東海大學中文碩士
5. 我是李崇建的學弟
6. 我是孤僻的人
7. 我是個不擅言詞的人
8. 我是個有兩隻手、兩條腿的人
9. 我是個沒有智慧型手機的人
10. 我是個沒有宗教信仰的人
11. 我是個吃過六年半安眠藥的人
12. ⋯⋯⋯

**三、用五到十五分鐘，重新檢視清單，並回答以下這些問題：**

1. 寫完後重看，有什麼感覺？
2. 哪幾項讓你感到驚訝？原因是什麼？
3. 哪幾項是自相矛盾的？
4. 哪些是與生俱來的？哪些是後天形成的？
5. 如果哪些消失了，你就不再是你了？
6. 你能接納清單中的哪些？無法接納哪些？

# 放棄得太早，放棄得太好

每個人可能有一些原本不想面對的「自己」，像是你不喜歡的習慣、個性或特質等等。但無論有多不想面對，它們一直都在，始終都是你的一部分，並不會因為不想面對而消失。

薩提爾女士說：**「當我們試圖隱藏自認為不好的部分，就減低了成長的可能。」**與其繼續隱藏，不如好好面對，讓自己茁壯、成長吧。

你討厭自己身上的哪些個性或特質呢？

我以前最討厭自己容易放棄，無法堅持下去。會用「以前」這個字，是因為我如今已接納這個特質了，甚至，還有點喜歡呢。

從小到大，我放棄過的事太多，小時候的事不提，只舉幾個長大後的例子。

一九九三年九月，我考進東海大學中文系就讀。搬進學校宿舍第一天，一位大四學長來串門子，他叫林俊男。俊男學長人如其名，長得高大帥氣，又是籃球校隊，當他知道我也打籃球，便約我當晚去校隊練球。他不知道的是，我只是喜歡打籃球，技術很粗糙，體能很匱乏。而我不知道的是，跟校隊一起練球，會是那麼「可怕」的經驗。

所謂「練球」，不就是練「球」嗎？不是，在摸到籃球之前，得先做一堆體能訓練，累到沒力後，才開始練球、投籃。沒投進，要罰十下伏地挺身。我幾乎是爬著回宿舍的。接下來一週，都躺在床上，全身痠痛到起不來。

那晚，是我這輩子最接近校隊的一次，之後就不再去了。

多年後回想，這可能不是一個孤立事件，將幾十年的生命歷程串連起來，可看見一個脈絡：在體能上，我是無法吃苦的。

因此，升大二的暑假，我到鐵工廠打工，只做了一個下午。升大三的暑假，到吊扇工廠搬貨，只做了三天。原因都是：太累了。

## 如果能多一點堅持，人生就會不一樣？

我只是在體能上吃不了苦嗎？如果只是這樣，問題或許不大，但事實上，我在其他方面也吃不了苦，對於自己不喜歡的、做不到的、做不好的，往往很快就放棄了。

例如，我考上東海後，對於念中文系還得修英文與電腦感到不滿，我的應對方式很極端：直接退選這兩門大一必修課。直到大四，為了畢業，才硬著頭皮重修。結果人算不如天算，英文僥倖過了，電腦卻被當了，我因此延畢一年。

又如，拿到碩士學位後，我到一所高中教書，深感教育體制僵化，只教一年，便放棄不教，連教師證都不要了。為了轉行，跑到台北求職，應徵過無數職缺，卻沒有一個工作願意錄取我，一年半後，我又放棄了。

失業期間，前同事劉正幸老師獲得Power教師獎，邀請我到圓山飯店參加頒獎典禮，他拿著獎盃，語重心長告訴我：「志仲，你放棄得太早了，不然有一天你也會得到這個肯定。」

失業一年半後，我走投無路，回頭考博士班，僥倖考上清華。四年後，拿到博士學位，但同樣的情況接下來又發生了：我投出無數履歷，還是找不到大學的專任教職。兩年後，我又放棄不找了，只在兩、三個大學兼課，賺取微薄的鐘點費。

長大後的我，不知因為輕易放棄，而蹉跎多少光陰？錯過多少機會？我怎麼能不厭惡自己這個特質呢？我常常在想，如果能多一點堅持，我的人生會變得很不一樣吧。

## 放棄與逃避的反面是彈性與幽默感

四十歲之後，我因為學習薩提爾模式，也與我的大學學長李崇建談話（詳〈我與父親的和解之旅〉），對「放棄」這個特質有了全新的發現，像是發現新大陸一樣。

薩提爾模式提到，人有四種不一致的應對姿態：指責、討好、超理智與打岔。其中，一遇到壓力、困難，便會放棄、逃避，這就是打岔。

這說的不正是我嗎？原來，打岔是我最「擅長」的應對姿態，從小到大，我不斷在逃避困難，也不斷逃避我不擅長的、不喜歡的事物。

奇妙的是，意識到自己這麼會打岔，並沒有讓我感到難過或洩氣，因為這正是薩提爾模式令人讚嘆之處：它不只看到事情的單一面向，也能看到其他面向，這在薩提爾模式中，稱之為「資源」。

薩提爾模式指出，「打岔」有不同面向：**放棄、逃避是一個面向，但另一個面向是「彈性」與「幽默感」**。換言之，放棄的資源是彈性與幽默感。

我發現，彈性與幽默感在我身上都有呢。

以「彈性」為例，我在拿到博士學位後，只找兩年的專任工作就放棄不找了，這看起來似乎放棄得太早了，如果繼續堅持下去，或許能如願以償吧？

的確，在我的學術界同儕中，真的有人堅持十年以上，終於在大學裡找到一份安穩的專任工作。然而，那終究是極少數的特例，在少子化浪潮中，現今大學教職往往遇缺不補，越來越多的博士成為流浪教師，或者遠赴異國他鄉謀生。

我當年的確放棄得太早，卻也放棄得太好。**因為放棄了，我開始尋找其他機會，最後走上人際溝通講師、身心靈工作者這一行，這便是「放棄」的資源：有彈性**。我現在從事的工作，跟我在博士班所學天差地別，這個彈性也太大了，連指導教授朱曉海先生也嘖嘖稱奇，我的博士班同儕龔詩堯也常在任教的大學裡舉我為例，鼓勵他的學生。

## 因爲可能失敗就不嘗試，永遠跨不出第一步

孔子曾說：「吾不試，故藝。」翻譯成白話，便是：「因為進不了體制內，我才能在體制外學到這麼多東西。」孔子說這話，大概有自嘲之意，但用來描述我的人生際遇，卻是再貼切不過了。

我曾看過一篇報導，內容是一位年輕的英國博士找不到大學專職的工作。這似乎是當今的世界趨勢，台灣亦在這波潮流之中，我也遇上了。

報導中的兩句話，我特別有感覺：

「我不知道該怎麼離開學術界。

「我很掙扎要不要放棄學術生涯，但諷刺的是我其實很適合這份工作，這是我的志業。」

這也是我當年的心境。

要如何離開學術界呢？我也不知道，但總要**多方嘗試、冒險才會知道，如果始終不願跨出第一步，永遠不會知道**。

同樣地，學術也曾是我的志業，我也認為自己很適合學術工作。然而仔細想想：志業只會有一種嗎？我難道不會也適合其他工作嗎？不去嘗試、冒險，怎麼會知道呢？

當然，這些都是我日後才體會到的道理，當年並不懂，我是以曲折離奇的方式，逐漸明白這些道理的。

放棄尋找大學專職後，前途茫茫，無事可做，不知何去何從，我開始什麼都嘗試：抓蝴蝶、植草木、蒐集棒球卡、寫棒球部落格等等，也去聽各種演講、看各種展覽，參加鳥會、蝶會的活動。這些不僅都跟我的中文本行無關，甚至也與工作、前途無關。

最後，我誤打誤撞，到崇建學長的作文班觀課，意外讓我的人生開始轉向。那是二〇一二下半年。一開始，只是去打發時間，因為崇建很會講故事，每週去聽一、兩個好聽的故事，至少能為我絕望的人生帶來一點點樂趣。

可是，也要我願意去「打發時間」呀，如果連「打發時間」這樣看似毫無意義的事都不願意做，就不會有後續的發展了。

後來，我慢慢發現，教作文好像可以是我在大學兼課之外的一條出路。於是，我開始在家中對著鏡子練習說故事，一個故事可以練習幾十次，講到嘴皮發麻。

但我不敢問崇建，是否可以在他的作文班任教？我想了別的方法，上網查了幾十家補習班的住址，打算一家一家毛遂自薦。只是，我沒有走進任何一家補習班，都是在門口徘徊，而後離開。我太害怕了，害怕開口，害怕被拒絕。

後來，鼓起勇氣，找上一個劇團，開始在那裡教作文，那是我「斜槓」的開始：一邊在大學兼課，教陶謝詩、《三國演義》等等，一邊在兒童劇團教青少年作文。

與此同時，我也在找其他機會。但我其實不知道怎麼找？也不知道要找什麼？當時只是單純地想，我需要建立一些人脈。

我跑去很多可以聽免費演講的地方，如意算盤是：可以認識不同的人。事實卻是，我根本不敢跟陌生人互動，我總是默默地去，默默回來，什麼人都沒認識。

然而，至少我去嘗試了。**嘗試有可能成功，也可能失敗，如果因為可能失敗就不去嘗試，我永遠跨不出第一步。**

## 不斷尋找新出路，不局限自己的可能性

那幾年，我做了各式各樣的嘗試，大部分都很愚蠢，都以失敗告終，但那些經驗都成了日後的養分。其中有幾個大膽嘗試，讓我最終得以轉行成功，只是當初並不知道。

我至今仍覺得，自己很適合從事學術工作。可是，我也很適合目前的工作，這是我在當年跨出第一步時，萬萬沒想到的。

在轉行過程中，我不斷在尋找新出路，不把自己局限在某個行業或工作裡，這是我「有彈性」的一面；而同時，我也不斷在「放棄」——發現此路不通，就斷然捨棄（哈，這本是我的「強項」）。我充分運用打岔的兩個面向：「放棄」與「有彈性」，最終找到了適合自己的道路。

當我看見「放棄」的資源是「有彈性」，看見放棄與有彈性如何帶領我一步步走到今天，我便逐步接納了自己是個容易放棄的人，有時甚至還滿喜歡這個特質的。**容易放棄的確讓我錯失許多機會，無法實現原先的目標與夢想，卻也讓我看見其他機會，走上截然不同的人生道路**。

你呢？是否也不喜歡自己身上的某些個性或特質？除了看見它們帶給你的負面影響，也能看見它們帶來的資源嗎？

接下來，我們來做一個練習，為之後的練習暖暖身。

## 練習2　生平大小事清單

這個練習，我稱之爲「生平大小事清單」。這份清單很重要，能幫助你收集大量資料，以便自我探索，並更了解自己。本書的許多練習都會用到這份清單，因此，想邀請你花些時間，按照以下步驟，完成這份清單。

**一、準備紙筆，電腦打字亦可。**

**二、條列你的生平大小事，越多越好**，如果能寫到五十、一百項以上，那是最好不過。

**三、下筆時，請大膽寫，憑著直覺，想到什麼就寫什麼，無須考慮太多。**不必按照事情發生的時間先後順序寫，也不一定要寫「大事」，很瑣碎、平凡的小事也歡迎，你想到的任何一件事都是有意義的。簡單扼要寫下每件事，你自己看得懂即可。

**四、寫完後，閉上眼睛，專注在呼吸上一會兒**（一到三分鐘皆可）。

**五、在清單上的每個事件後，思考並寫下：**它帶給你什麼影響？反映或塑造出你什麼樣的人格特質？正面、負面皆可。

**六、如果想不出來，就跳過去，繼續往下寫。**寫不下去了，且先擱著，有空再回來想。

**七、如果是第一次做這個練習，你一定要有耐心，**給自己多一點時間，不必一次就寫完，慢慢來，自我探索本來就不是一蹴可幾的事。

**你可以參考我的清單寫法：**

1. 母親車禍過世（瞬間長大。需要面對父子議題。靠近悲傷、孤單等情緒。）
2. 全家討論並決定拔管（全家很久沒有這樣一起討論一件事了，有種團結的感覺，為以後的其他討論奠定基礎。）

3. 高中自願留級（有勇氣、敢冒險，第一次為自己的人生負責。）
4. 大學延畢（常拖延、逃避。）
5. 在快雪時晴創意作文教了五年作文（累積教學、說故事、帶討論、與孩子對話的經驗。臨場反應變快。）
6. 在竹中教了一年書（累積教學經驗。躁進、莽撞、憤世嫉俗。）
7. 在鹿港高中教了一學期（敢嘗試、冒險。）
8. 決定不在體制內教書（有勇氣、敢冒險、莽撞、沒為自己想退路。）
9. 高中留級後參加作文比賽（開始有自信，看見自己有文采。）
10. 幼稚園第一天大哭（害怕人群。孤單、易感。）
11. 宋〇〇弄翻我的午餐，我也打翻他的（報復心強，不允許自己吃虧。）
12. 舊家整建，搬到外婆家（喜歡田園生活。和外婆家的親戚感情變好。）

13. 班上有兩位同學參加野百合運動（感覺政治離自己這麼近。）

14. 長期失業（失去自信。自由。發展出各種新嗜好。）

15. ……………

# 從矛盾的自己到豐富的自己

為了教學舉例之便，有一次，我帶了厚重的古籍《昭明文選》到工作坊現場，我的工作夥伴何亞芸老師借去翻閱幾頁，好奇地問我：「書中怎麼會有這麼多密密麻麻的筆記？」

我說，我念清華博士班時，曾給自己排了一個讀書進度：每天要讀完、讀懂一頁《昭明文選》，不懂之處就去查資料，再將所查資料抄在書中空白處。排好進度後，我真的會按表操課，每天大約要花三到五小時讀完一頁，持續一年多，不曾間斷，終於將全書細讀一次。

亞芸默默翻著書聽我說，而後幽幽回應我：

「看起來，你並不是那麼容易放棄的人嘛。」

亞芸會有感而發，不僅因為我常提到自己是個容易放棄的人，也是因為她是一個不喜歡放棄，凡事都會堅持到底的人。以做PPT簡報為例，亞芸會堅持每一張都要做到完美，以符合她的美學品味，每一張圖、每一個線條、每一處留白，都有她的巧思與堅持，她會為了做好一張PPT，在電腦前坐上數小時，只為了斟酌是0.3還是0.5的行寬。

而我卻是個散漫慣了的人，從小到大，沒堅持過幾件事，凡事只求六十分，直到二十五歲考上碩士班，修了唐翼明老師的課，才真正學到了堅持。

## 生命中的貴人，幫我長出堅持的特質

唐老師嚴格要求我們逐字逐句讀完《世說新語》，不能望文生義。他規定進度，每次上課時會逐一檢查，並且會問些最基本的問題：「這個字是什麼意思？」「這句話怎麼解釋？」「既然不知道，怎麼不去查個清楚呢？」

唐老師個頭雖小，但眼神銳利，在他面前，每個研究生都會退化成小嬰兒，被他問得答不出話來時，我們會感到呼吸困難、背脊發涼。

在他如此嚴厲的要求下，我紮紮實實讀完了第一本古籍，往後讀其他古籍，都是沿用這種又笨拙又紮實的方式讀完，而其中最厚重的一本，便是《昭明文選》。據我所知，許多研究《昭明文選》的人，並不曾好好讀過它，但是我認真讀過。

我從不是個能堅持到底的人，那是在修了唐老師的課之後才長出來的。

這份堅持，後來也運用在撰寫畢業論文上。

無論是碩論或博論，我都給自己訂進度，每天或每週一定要寫多少字，像個機器人一樣，按表操課，幾無拖延。因此，從開始寫碩論到畢業，我只花了一年；博論則是花了兩年。如今回想，若不是修了唐老師的課，長出堅持到底的特質，以我容易拖延、逃避的個性，碩、博班大概會拖到年限將至才畢業吧。甚至，也可能放棄不讀，畢竟放棄是我的「強項」呀。

唐老師是我生命中的貴人，我至今感念他。

在唐老師的訓練下，**我培養出堅持的特質，但身上依然保留著容易放棄的特質**。堅持與放棄，這兩種截然相反的特質，同時並存在我身上，看似奇怪而矛盾。如果仔細觀察，許多人身上也都有這種矛盾特質並存的現象，例如堅強與脆弱並存，溫暖與冷漠並存，樂觀與悲觀並存，積極與拖延並存……

對於這種矛盾，許多人會這麼想：脆弱、冷漠、悲觀、拖延，都是「不好」的特質，如果能去除它們，只保留堅強、溫暖、樂觀、積極這類「好」的特質，不知道有多好？

我以前也是這樣認為：如果凡事都能堅持，不要輕易放棄，我的人生大概會有很大的不同吧？

## 看似矛盾的特質，真的無法並存嗎？

只要上網搜尋，就會發現：許多名言佳句都在歌頌堅持，批判放棄，像是：

「我們最大的弱點在於放棄。成功的必然之路就是不斷重來一次。」

「要在這個世界上獲得成功，就必須堅持到底，至死都不能放手。」

「失敗不是因為能力有限，而是沒有堅持到底。」

「只有一條路不能選擇——那就是放棄的路；只有一條路不能拒絕——那就

是堅持的路。」

事實上，認為堅持、堅強、溫暖、樂觀、積極等特質是「好」的，放棄、脆弱、冷漠、悲觀、拖延是「不好」的，這是一種典型的二元對立觀點。這樣的思考邏輯意味著：看似相反的兩種特質無法並存，也不應該並存。有堅持，就不能有放棄；常放棄，就表示無法堅持。兩者勢不兩立。

然而，這是真的嗎？**堅持真的一定比較好嗎？堅持與放棄真的不能並存嗎？**如果一個人身上只有堅持，永不放棄，那會是什麼情形呢？試想：

夫妻之間只要意見不同（如本書第一篇的那對夫妻），兩人或其中一人便要堅持己見，他們的感情會和諧嗎？婚姻會長久嗎？

一個孩子考上大學後，發現那不是他喜歡的科系，也一定要堅持到底，念完這個科系嗎？可不可以重考、轉系或休學呢？

而像亞芸那樣，花了大把時間，累得半死，終於做好一份堅持到底、精美無比的PPT，卻沒有人能看得出其中奧妙，包括我在內，也真心看不懂，這常讓她感到挫折與生氣。

倘若**放下二元對立的觀點**，**用更豐富的眼光來看待身上的特質**，就會發現：一如「放棄」與「有彈性」是一體兩面，「堅持」也有它的另一面：「固執」，我們很難以絕對的好壞來評價它們。

是否有更圓融、涵容的方式來看待它們嗎？我喜歡亞芸說的這句話：

**「堅持很好，放棄也很好。」**

這可是她逐漸鬆綁自己內在那份堅定不移的堅持，所得到的體會。她並沒有否定堅持，在許多事情上，仍舊繼續堅持，但她也願意開始適度放過自己，在該放棄的時候就放棄。她發現，自己輕鬆多了，而做出來的ＰＰＴ還是非常精緻。

因此，面對自己身上那些看似矛盾、衝突的特質，與其想方設法去除其中某些特質，不如**以豐富的眼光**，**看到那些都是自己的一部分**，**不僅可以並存**，**而且可以靈活地為我們所用**，**而不是被它們束縛或困住**。

## 想活出自由，必須給自己選項並為它負責

轉行後，我仍在大學兼課，路途遙遠，收入微薄，有時不免會思考一個問題：「我還要繼續兼課嗎？」

如果是以前，我一定立刻放棄兼課，這是我的慣性。但如果不能看見放棄的資源：有彈性，不能接納自己身上容易放棄的特質，我會輕易走向另一個極端：無論如何，我都不能放棄，一定要堅持到底！

只能立刻放棄，或者一定要堅持到底，這兩者都意味著：我是不自由的人，我沒有讓自己有選擇。

如果想活出自由，我必須給自己至少三個選擇，並且願意為我的選擇負責。

選擇一：立刻放棄兼課。放棄仍然是一種選擇。

選擇二：繼續堅持兼課，永不放棄。堅持也是一種選擇。

選擇三：再堅持一段時間，才放棄兼課。這是將堅持與放棄整合使用。

選擇四：不必現在就下決定，每年評估一次吧。

最後，我選擇了第四個方案，逐年停止在各校兼課。

如果只從結果來看，我似乎跟以前一樣，又放棄了。如果將過程也涵蓋進來，便會發現：我以前是「無意識地放棄」，這次卻是「有意識地放棄」。所謂「無意識地放棄」，是指我屈就慣性，想放棄就放棄，我是不自由的，我沒有給自己其他選擇。而**「有意識地放棄」，是指清楚看見了放棄帶給我的限制與資源，我接納了它，並且有意識地選擇要不要運用它，我是自由的**。

同樣地，你也可以有意識地堅持，有意識地脆弱，有意識地堅強，有意識地冷漠，有意識地溫暖，有意識地悲觀，有意識地樂觀，有意識地拖延，有意識地積極……跳脫二元對立、非此即彼的限制，整合身上各種看似矛盾、衝突的特質，讓自己的人生更豐富，更自由。

**你從來都不是個矛盾的人，你是個豐富的人。**

## 練習3 資源清單

這個練習邀請你爲自己做一份「資源清單」，請按照以下步驟進行：

**一、準備紙筆，電腦打字亦可。**

**二、從「我是誰清單」中，找出你不喜歡或無法接納的特質，另紙列出。**

**三、從「生平大小事清單」中，找出你不喜歡的影響、個性或特質，另紙列出。**

**四、在那些特質、個性、影響之後，思考並寫下它們帶給你什麼資源？**（盡可能正面表列，不要寫「不驕傲自大」，而是寫「謙虛」。）

例如：

1. 我是個沒主見的人↓隨和。
2. 我是個易怒的人↓有力量。
3. 我是個討好的人↓人緣好。懂得察言觀色，不容易得罪人。
4. 我是個常拖延的人↓品質保證，我是爲了做出最好的成果才拖延的。不勉強自己立刻去做不喜歡的事。
5. 我是個自卑的人↓親切。柔軟。
6. 我是個愛抱怨的人↓願意說出心事、宣洩情緒。能讓別人知道自己不舒服或不喜歡。
7. 憤世嫉俗↓是非分明。有正義感。
8. 不擅言詞↓喜歡閱讀、寫作。善於獨處。
9. 害怕人群↓喜歡閱讀、寫作。善於獨處。
10. 愛計較↓勇於爭取權益，不讓自己吃虧。
11. 失去自信↓謙虛。
12. 躁進、莽撞↓勇於冒險、嘗試。很有行動力。

13. …………

五、將這些資源匯集成一份「資源清單」，看看你身上的資源有多豐富！

例如：

1. 隨和
2. 有力量
3. 人緣好
4. 善於察言觀色
5. 重視品質
6. 不勉強自己
7. 親切
8. 柔軟
9. 願意說出心事、宣洩情緒

10. 是非分明
11. 有正義感
12. 喜歡閱讀、寫作
13. 善於獨處
14. 勇於爭取權益
15. 謙虛
16. 勇於冒險、嘗試
17. 很有行動力
18. ⋯⋯⋯⋯

# 我與父親的和解之旅

我曾與父親十八年不說話，因為我們一說話就吵架，太痛苦了。不說話、零互動，反而輕鬆許多。

母親車禍猝逝後，我不得不重新與父親互動，痛苦的經驗又回來了，我花了兩年多的時間，才與父親和解。

在這條和解的道路上，我做過許多功課。有些功課可以自己做，也必須自己做，有些則需要向外求助。我曾找過學長李崇建談話多次，對自己與父親有更多認識，從而接納自己與父親，也加快了父子和解的速度。

有次談話，我告訴崇建，我對父親感到很生氣。他問我，為了什麼而生氣？

自暴自棄。

崇建請我多說一些。

我說，父親在被迫退休後，開始自暴自棄，放棄人生，將自己關在家裡，每天都在看政論節目，晚上看直播，白天看重播。不僅自己不出門，也阻止我母親出遠門，只要母親想去旅行，或參加日月潭、西子灣等地的長泳，父親的臉就會垮下來，開始生悶氣，母親不只一次向我哭訴。

還有嗎？崇建請我再舉一個例子。

我說，父親有巴金森氏症，右手會不出自主發抖。母親還在世時，家中大小事都依賴母親處理。母親走後，要辦理繼承，許多文件都要父親簽名，他的右手已無法寫字，我請他練習用左手，他只練習一天就放棄了。

崇建看著越講越氣的我，停頓了好一會兒，才用他一貫平靜的語氣問：

「志仲，你的人生有自暴自棄的經驗嗎？」

我愣住了一會兒，斬釘截鐵回答：「沒有。」

我當年對自己的認識竟粗淺至此！我的碩論是研究柳宗元，對他的家世、職涯、交友、個性等等，我皆瞭如指掌，卻對自己如此陌生，竟認為自己沒有放棄的經驗，如今想來，實在可嘆。

崇建要我再想想看。

而後，我才逐漸意識到：原來，我也有許多自暴自棄的經驗，我討厭那樣的自己。這個發現很令我震驚：原來，**我討厭的可能不是父親，而是自己。我將對自己自暴自棄的厭惡，投射到父親身上去了。**

**我怎麼看自己，就會怎麼看別人。**

## 開始學習覺察，才有可能接納

然而，只有這次的覺察還不夠，沒多久便淡忘了。在另一次談話裡，我又提到我很不喜歡父親身上的許多特質，崇建請我舉出三個。

我不加思索，應聲而答：

「固執、強制、鬱鬱寡歡。」

崇建停頓一會兒，故技重施：「志仲，這三個特質，你身上也有嗎？」

我聽了，重重一驚。這次，我很誠實地承認，這三個特質我都有。

這個發現，讓我一時之間不知所措：怎麼會這樣？我怎麼會這麼討厭自己？

卻又投射到父親身上？難道一切都是我自己的問題，與父親無關？

「志仲呀，以鬱鬱寡歡為例，這個特質有曾經帶給你什麼好處嗎？」崇建問。

我聽了，忍不住激動起來，說：

「怎麼可能？鬱鬱寡歡讓我長期陷入情緒痛苦之中，讓我交不到太多朋友，讓我找不到工作，讓我的人生變得這個樣子，它只有帶來壞處，怎麼可能帶來好處呢？」

崇建停頓了一會兒，輕輕地說：

「志仲啊，有沒有這種可能？你後來喜歡閱讀、寫作，你對文學、歷史、哲學會有興趣，有沒有可能跟你的鬱鬱寡歡有關？」

這番話猶如一記當頭棒喝，我無法反駁。瞬間，我的世界天旋地轉，看自己與看事情的角度截然不同了。

**原來，我討厭的特質還有另一面，也就是所謂的「資源」**。這個特質在許多時候帶給我壞處，但在許多時候，它的資源也帶給我好處。

用豐富的眼光，去看事情的全貌，我在談話中深刻體驗到了。

在這兩次與崇建的談話過後，有兩件事在我與父親的關係上慢慢發酵：

一、我不僅能接納自己容易放棄，也慢慢能接納父親容易放棄。

二、我不僅能用豐富的眼光看自己，也逐漸能舉一反三，用豐富的眼光看父親。

例如，我開始看見父親的「固執」帶給他的「資源」。

## 有多固執，就有多堅持

母親過世後，父親和我一起住了一年半。有一天，他突然在家中倒下，從此失去自理生活的能力，也無法行走，我不得不將他送到養護中心安置。

父親並不喜歡這個決定，他想要回到家居生活，但又不想讓我為難，因此積極在養護中心復健，希望能重新站起來，並可自理生活。有一陣子，他已能在無人攙扶下，獨力走上二十分鐘的路。

此時，他的固執讓他再度頹然倒下。

父親所住的養護中心，五個人一個房間，每人一個床位，每個床位的床頭都有一個求助鈴。父親不喜歡麻煩別人，從未按過鈴。我多次勸他，有需要就按鈴，但他很固執，堅持凡事自己來。

有一天，他想下床走路，彎腰綁鞋帶時，不小心跌坐在地，被扶起後，左腿疼痛難行。到醫院檢查，腿骨有裂痕，需要開刀。原本他還能自行走路，但他的固執讓他重新坐回輪椅上，連站起來都很困難，更別說要走路了。

手術過後一陣子，我去養護中心探望父親，他正在復健室練習站立。只見醫生一手扶著他的背，要求他手握前方的鐵桿，並憑著自己的力量，從輪椅上站起來。父親吃力地起立，身體搖晃，雙腿發抖，有些站不住。

大約過了半分鐘，醫生才讓他坐下休息。醫生轉而去協助其他老人，幾分鐘後回來，要求他再次起立。如此數次，我趁著他休息的空檔問他：「很累吧？」

父親點點頭，嘆了一口氣：

「又得重新開始了，以前的努力都白費了。」

看到他如此辛苦與挫折，我除了感到心疼，實在無能為力。

父親沒有放棄，持續復健，之後我每次去看他，都小有進展，已慢慢能在三、五公尺的機器上，扶著鐵桿，來回行走。有一次，他竟可來回走上二十趟，令我大驚，而他說，他其實已能走上四十趟，只是因為想跟我多說些話，當天走一半就好了。

我聽了，心裡除了感動，只有佩服。

以前，我總是認為父親固執，也討厭他的固執，但在這件事情上，我看到了**「固執」的資源，叫做「堅持」**。

只是，他能堅持多久呢？

十五個月後，有一天，父親突然打來電話，要我買雙布鞋，帶去給他。

我很困惑，他要布鞋做什麼呢？但我還是帶去了。

到了養護中心，答案揭曉：父親要開始練習穿著鞋子走路了。

之前，他都是光著腳丫，手扶鐵桿，在機器上來回走動，從三十趟、五十趟、六十趟，到現在居然可以走下機器，穿起布鞋，推著輪椅走路了，這真是不可思議。

如果我在他這個年紀，早就放棄復健了，而他卻堅持了十五個月。看來，他還會堅持下去。

## 學會對話，是送給自己與父親最大的禮物

在復健這件事上，我看到他有多堅持：他堅持每天都要復健，練習走路。他有多固執，就有多堅持。如果不是這樣，他如何面對艱難的復健過程呢？**以前，我只看見他的固執，討厭他的固執。現在，則是看見、欣賞，也佩服他的堅持。**

父親沒變，是我變了，我的眼光變得豐富了。

這是我和父親在和解之路上重要的一刻，我們的關係更緊密、靠近了。

然而，在復健過程中，父親不是沒有想要放棄，畢竟，他也有容易放棄的一面。有次，我去探望他，見他體重增加、說話清楚、走路穩健，我很高興，但他總對自己不滿意，尤其對於走路一事，不時感嘆自己沒有進步。我很慶幸自己學

過薩提爾的「對話」，遂與父親對話十多分鐘：

「爸，你現在不扶著輪椅，可以走多遠呢？」

「快半小時吧。」

「可以走這麼遠呀。你是從什麼時候開始能走這麼遠的呢？」

「一個多月前吧。」

「在那之前，你可以走多遠？」

「大約十分鐘。」

「從十分鐘到半小時，這個進步不小呢，你是怎麼做到的？」

「我每天都有練習，早上練習半小時，中午又練習半小時。」

「哇，你很努力嘛，難怪進步這麼多，你怎麼會覺得自己沒有進步呢？」

父親搖頭無語。

「那你希望自己能進步到什麼程度呢？」

「當然最好能像以前那樣，想走多遠，就走多遠，而且不必扶著輪椅。」他搖搖頭，嘆口氣：「但這陣子一直都沒進步。」

「現在這樣每天練習，有遇到什麼困難嗎？」

「早上走半小時，還不錯；中午再走半小時，腿就痠了。」父親沉思了一會兒：「腿痠好像會累積下來，沒辦法走得更遠。」

「你有考慮過調整練習的方式嗎？」

父親再度陷入沉思：「中午練習時，不要走太久，腿就比較不會痠，或許隔天早上就能走得更遠一點吧。你覺得怎麼樣？」

「聽起來很不錯，你想什麼時候開始試試呢？」

「嗯，明天開始吧。」

在這場簡單、輕鬆的對話中，**我並未設定目標，也沒有打算改變父親，只是順著對話的氣氛走，想不到就能幫助父親看到卡住的點**，並且找到適合他努力的方式。這些年學會對話，真是送給自己與父親最大的禮物。

最終，父親成功站起來，又能獨力走上一段路了。可惜此後多次生病，住院臥床時間一久，雙腿便會失去肌力，無法走路，又需重新復健。在他有生之年，終究未能回家生活，這實在是很大的遺憾。但與父親在那段時間的相處，讓我對他有更多認識與接納，這是一條很圓滿的和解之路。

以前，我很不喜歡自己的「容易放棄」，後來，我看見了容易放棄的的資源是「有彈性」，那也是我能中年轉行的關鍵因素。我開始欣賞自己這個特質，而後，也能看到父親「固執」的資源：「堅持」。**能用豐富的眼光看自己，就能用豐富的眼光看待他人與世界。**

# 擁抱脆弱與無助

二〇一四年八月二十三日，我的母親出了嚴重車禍，顱內大出血，經醫生開刀急救，命是保住了，卻始終昏迷不醒。事出突然，接下來幾天，有太多瑣事要面對，我身心俱疲。

一天晚上，沉沉睡去之際，手機響了，是陌生的號碼。猜想是醫院打來的，接通後，原來是一位遠房親戚，在醫院見過一次，之前素未謀面，她很關心我母親的狀況，因此來電詢問。

再次躺下不久，她又打來，我按下「拒絕」鍵，不想接。

不久，她三度打來，我接聽後，她第一句話是：「表哥，你有沒有申請對肇事者的財產假扣押？」我心中各種情緒頓時湧上：

「我很累了，改天再說吧。」

三度躺回床上，卻再也睡不著了。我想要平靜，但我完全做不到，我很痛苦。起床打開電腦，胡亂寫點東西，第一行赫然是：

**我好希望有人可以幫我忙，而不是一直告訴我、指揮我、建議我，我該怎麼做。**

我好驚訝，原來這是我此刻的心聲。

忽然想起艾克哈特．托勒說的：「事情發生時，你不是接納它，就是改變它。」此時，既然無法接納，我能做些什麼事來改變它呢？

接下來一行，我寫的是：

**我打算找誰來幫我忙？幫什麼忙呢？**

## 感到脆弱時，請開出求助清單

想了一會兒，乾脆列一份「求助清單」吧！我希望別人幫我哪些忙？有哪些人可以幫上忙的？

**我列出的第一個項目是：法律。**

我不想再自己摸索了。我想到一位博班同學，她的先生是律師。我立刻寫信給她，將自己此刻的心聲告訴她：

我媽還沒清醒，我爸又陷入無法自拔的悲痛之中，加上親戚基於善意，經常打電話來說你應該怎麼做、你有沒有怎麼做、你怎麼沒那樣做，我覺得很疲憊，很需要朋友幫我分攤肩上的責任與壓力。

在法律上，我很需要協助，很需要妳先生或請他推薦人選，告訴我接下來該怎麼做，減少我摸索的時間，並避免走冤枉路。我們家的經濟環境尚可，金錢上應不是問題。我可以找個時間，詳細說明我目前掌握的最新證據（影像）。

我目前肩上的擔子，法律問題大概占了三分之一重，如有專業人士協助，我可以更專心處理其他的事。

我擔心我提出的這些想法很唐突，但我很難再掩飾自己目前的脆弱了，請妳見諒。

這是我當年的原信。寄出後，原本慌亂、痛苦的心情較為平緩，我倒頭就睡，一覺到天亮。隔天醒來，收到回信，她先生很願意幫我們家打這場官司。我聽了，振奮不已，也鬆了一口氣。接下來，終於可以專心面對法律之外的事了。

**我列出的第二個項目是：接送父親。**

當時，母親仍在加護病房，父親希望每天都能去看她。父親本來是最會開車的，他連貨車、卡車與公車的駕照都有，我曾問他：「你這輩子最擅長什麼？」他的答案正是：開車。母親車禍一事對他打擊太大，他驚嚇到突然不會開車了，需要有人接送，去探望他此生摯愛。我在家時，自然可以載他前往；當我外出工作，便需要有人協助。此外，我也希望就算我在家，有時也可以有人分勞，載我們父子去醫院，我才不至於那麼疲累。

我想了想，有位堂姐與兩位表弟也許幫得上忙。

兩位表弟與我親近，小時候我們常玩在一起，這些年也還有聯絡。至於那位堂姐，幾乎沒有往來，多年前我和母親去上瑜伽課，曾與她短暫接觸但是不熟。母親車禍後，她居然主動打來電話說，如果有需要，她願意來接送我爸。我感到很溫暖。

此時，我很需要幫助，就不跟他們客氣了，而在我開口後，他們也都毫不猶豫地答應。更讓我感動的是，在母親告別式當天，我的博班同學與她先生也來了。送他們離開時，我問起打官司的費用，他們明快表示分文不收，會義務幫我們家打這場官司。我聽了，眼淚汩汩而下。如今想起，仍是激動與感恩。

那是我使用「求助清單」的緣起。

一開始，純粹是為了面對母親車禍後紛沓而至的壓力，因此，除了「法律」「接送父親」，還列有「陪伴父親」「心靈」等項目。

當時，父親所受刺激太大，常有輕生之念，需要有人陪伴他，跟他說說話。我在清單上列出姑姑與叔叔兩人，尤其叔叔住得近，我常請他有空時來家中陪伴父親。

母親車禍的事，對我打擊亦甚大，需要有人幫我釐清困惑、安頓內在，我遂在「心靈」一項寫下學長李崇建與張瑤華老師兩人的名字，也真的開口向他們求助。

那大概是我生命中最艱難的時刻，我真希望自己有三頭六臂，能獨自面對一切困難。但這是不合理的期待，我是人，而且只是個普通、平凡的人，**生活中總有太多令人感到脆弱與無助的時刻，我擅長的永遠比我不擅長的少，我得調整期待，並接納自己的脆弱與無助。**

寫下求助清單，就是在練習接納自己的脆弱與無助。

## 將悲傷與困難化爲改變的動力

在那之後，我開始擴充求助清單，清單上的項目越列越長，人名越列越多。只要遇上困難，我便會打開清單，尋求名單中的朋友協助。

母親過世後，父親的健康每況愈下，常有一些突發狀況需要就醫或住院，此時，若有專業的醫護朋友可提供諮詢、建議，父親便可得到更好的照顧，我也不必孤軍奮戰。在求助清單上，「醫療」便成了突出的項目，上面的人名越列越多……

每當父親身體出狀況，而我招架不住，便會打電話給張雅芳護理師。父親晚年需要插鼻胃管度日，是畢柳鶯醫師告訴我，有「胃造口」這個更好的選擇。鄒筠芳護理師則提供她所知道的安寧照顧資訊……

**清單越長，表示我越願意面對自己的脆弱與無助**。同時，也意味著我是幸福的人，有那麼多人願意幫助我。

二〇二二年三月二十九日，父親走了，這份求助清單上為他準備的資源，有些可以刪去，有些則可轉而用在我自己身上。我繼續享有著幸福。

我是個與時代脫節、凡事都慢了好幾拍的「山頂洞人」，至今沒有智慧型手機。使用臉書、經營粉專、開直播，都是很晚近的事。在台灣，很少人不用Line，我就是其中之一。

前些時候，我這個Line新手，打算在Line開個群組，以廣納來上過課的朋友，共同練習所學。當時我曾自嘲，山頂洞人要出洞見見世面了。

然而，我對洞外世界太陌生，自己摸索又太花時間，於是翻開求助清單，找了三位熟悉Line的朋友來協助管理、運作群組，有她們扛下大小事，我白天能專注在其他事務上，晚上能睡個好覺。

Line群組從發想到成立，只有短短時間，如果不是三位朋友幫忙，我這個「科技山頂洞人」實在不可能做到。群組成立後，另有幾位朋友毛遂自薦，表示：若我日後成立其他群組或社群，他們願意協助管理。

我由衷感謝這群朋友。仔細想想，身邊這樣的朋友還真不少呢。

有一次到台北帶工作坊，臨時想提早一天北上，但已訂不到飯店（好吧，其實是想省錢），連忙撥了幾通電話，便在林吟娟老師家找到落腳處了。

另一次，要搭飛機到澎湖帶工作坊，是王國川、林雅萍伉儷開車載我去機場。之前一年，則是找了另一位好友，也是知名攝影師Roger接送我到機場。

父親過世前一天，我想上山去跟塔位裡的母親說說話，是洪善榛老師開車載我去的。隔天夜裡，父親忽然走了，我忙到凌晨兩點多才離開葬儀社，是吳周平老師載我回家的。

我真是個幸福的人呀，身旁有如此強大的支持團體。仔細想想，**這份幸福並非憑空而降，而是我爭取來的**。

我本性孤僻，又習慣凡事自己來，如果不曾改變自己，早就心力交瘁，不知累死多少次了。

**改變的第一步，是願意接觸陌生人**，這幾年的工作正好給我機會，而我也願意廣結善緣，才能結交到這麼多朋友。

**第二步，是願意承認自己的脆弱與無助，並開口求助**，這大概也是我做得最好的一件事了。

而我願意做出這些改變，背後其實有個悲傷的原因：母親的過世。**我很高興自己能將悲傷與困難化為改變的動力，讓自己願意求助，願意更幸福。**

## 練習4 求助清單

這份清單，需要慢慢完成，不必急於一時。

**一、準備紙筆，電腦打字亦可，以條列方式，開始寫一份「求助清**

單」。

**二、先寫下你的需求**，例如：照顧生病的公公、接送小孩、醫療諮詢、聽我抱怨或訴苦、水電、法律、心靈、能借我五萬十萬等等，你想怎麼寫就怎麼寫。

下筆時，大膽寫，憑著直覺，想到什麼就寫什麼，無須考慮太多。盡可能不要用頭腦去評價自己與需求。例如：我這樣好像太貪心了、這些需求不可能實現啦。

**三、在每個需求的旁邊，寫下可能可以幫助你的人或單位**，不要自我設限，先寫再說。

**四、如果想不出來，就跳過去，繼續往下寫**。寫不下去了，且先擱著，有空再回來想。

# 看見自己做得不錯的地方

幾年前，我第一次到新加坡演講。當時，我已在各地演講數百場，經驗豐富，按理說，講壞的機率不高。但事實上，由於某些原因，我對這場演講特別在意，患得患失。上了講台，越想講好，就越不容易以平常心面對，結果是：講得爛透了。

當晚回到飯店，我非常自責，心情低落，甚至認為自己沒資格繼續走這一行。為了安頓混亂的內在，我將那些年學過的各種方法都拿出來使用。那些方法通常很有效，能讓我逐漸或快速恢復平靜，但或許是那晚的自責太強烈了，居然沒有一種方法是有效的，我的內在依然混亂不堪，這讓我非常驚訝。

看來，那會是個睡不著覺的漫漫長夜了。

## 欣賞自己，內在會變得有力量

此時，突然想起一個學過的方法，我問自己一句話：

「這場演講雖然講得很爛，但我有沒有做得還不錯的三個地方？」

我很快想到一個：我從小不擅言詞，又對新加坡人生地不熟，竟敢接受邀請，千里迢迢到此演講，這需要多大的勇氣呀。

有勇氣，是我第一個做得不錯的地方。

還有嗎？我想到了第二個：我雖然講得很爛，但我沒有放棄，還是堅持講完了。像我這麼容易放棄、逃避的人，居然能在一件自己很不擅長的事情上堅持到底，這不是一件容易的事吧？我難道不應該給自己掌聲，給自己肯定嗎？

第三個做得不錯的地方是：就算認為自己講得不好，在演講結束後，我還是留下來回答聽眾的問題，這是很負責的表現。

**勇氣、沒有放棄、負責，這是那場演講我做得不錯的三個地方。**

奇妙的是，當我找到了這三個做得不錯的地方，**我的內在突然變得比較有力**

**量了，自責立刻少了一半**。剩下的一半，我以其他安頓內在的方法回應，沒多久便恢復平靜，那晚也睡得很不錯。

有了這次成功經驗，我日後常在工作、生活上運用這個方法，屢試不爽。

例如有一次，我去帶一場對話工作坊，覺得自己表現不佳，在回程高鐵上，情緒有些低落，於是問自己：

「我今天有哪三個地方做得還不錯？」

首先，我看見自己的進步：我當時嘗試在工作坊示範對話，才短短半年，即已進步至此，我欣賞這樣的自己。

其次，**在對話時，我還是常能在提問裡擊中對方的內心深處**。不時有人回饋，說我講過的哪句話打開了他的心結。

第三，我知人善任，找了何亞芸老師到現場擔任助理講師，看著她進步神速，且與我默契日漸純熟，並能給予參加者實質的幫助，我感到歡喜。

找到自己做得不錯的這三個地方後，我同樣發現內在有了力量，可以去消化其他情緒了。這樣的方法，我不僅自己受益，也運用在別人身上。

## 用豐富的眼光，看見人事物的全貌

當時我還在大學兼課，有一次，有個學生上台報告，一開始就結結巴巴，頻頻以乾笑掩飾緊張，雖拿著事先做好的筆記，還是斷斷續續說著沒人聽得懂的話，聲音越來越小聲。好不容易講完了，她以紙掩面跑下台。

班上同學仍舊給了她掌聲。我想起自己以前那些難堪的上台經驗，當時沒人能給我內在支持，也許，我現在能給她一點支持。下課後，我請她留下來，她局促不安地面對我。

「妳剛剛在台上看起來很緊張，有嗎？」

「有啊，我講得好爛喔。」她的聲音微微顫抖。

「妳在台上很緊張。下了台呢？會覺得沮喪嗎？」

她點點頭。

「有自責嗎？」

「也有。」

「有愧疚嗎？覺得對不起組員？」

「嗯。」

「會生自己的氣嗎？」

她仔細想了想。「不會。」

「妳內在有這麼多負面情緒，妳通常怎麼辦？」

「時間久了就好了。」

「大概需要多少時間？」

「一星期吧。」

她的聲音和情緒都比較穩定了，我跟她分享我的經驗。

「我以前上台，曾一句話都講不出來，因此我下台後，不僅有妳剛剛那些感受，我甚至會退縮在自己的世界裡，完全聽不到其他組在講什麼。妳可以體會我當時的感覺嗎？」

「我剛剛也是這樣。」

「對於剛剛在台上的表現，妳有發現自己做得還不錯的地方嗎？」

「我的表現比上學期好多了。」

「那很好啊。」我停了一下。「我還看到妳剛才在台上的努力。妳明明那麼緊張，卻願意努力講完，妳是怎麼做到的？妳怎麼不是逃走？或找別人代替妳講？」

她很認真想了一會兒。「因為我知道自己一直講不好，很想把握這次機會上台練習。」

我聽了，有些小小的感動，同時也看到她的眼神亮了起來。

**「看見自己做得不錯的地方」，為何會如此有效？因為那會提昇一個人的自我價值感，找回生命力。**

許多人在小時候都有這樣的經驗：做不好，會被罵；做得好，沒有肯定或掌聲。有時你想肯定自己，大人卻會在這個時候出來潑冷水，要你不可驕傲、自滿。這彷彿是說：做不好是不對的，做得好是應該的。許多人日後將此內化成信念，深信不疑。並且不只這樣對自己，也這樣對待他人。

有個朋友告訴我，小時候，只要她認為自己做得不錯，媽媽就會告訴他：

「自己說的不能算數，得別人稱讚你，才表示你真的做得好。」等到真的有人認為她做得不錯了，她開心地告訴媽媽，媽媽卻又說：「別人只是在跟妳說客套話，不要相信。」

就這樣，她一直被訓練、教導：只能看到自己做不好的地方，不能看到自己做得好的地方。長大後的她，一直對自己很嚴苛，經常自責，活得很痛苦。

因此，當你開始練習自問：「我有哪三個地方做得還不錯？」你並不會因此忽略做得不好的地方，那些地方也不會因此消失，但是這會讓你看見事情的全貌，亦即：你不只看見負面的，也看見正面的；不只看見陰暗面、黑暗面，也看見光明面；不會只看見背影，也看見了正面與側影。

這是用豐富的眼光，看見人事物的全貌。

## 練習找到自己做得不錯的地方

做這個練習時，有幾點需要注意：

**一、一開始練習，你可能會連一個做得不錯的地方都找不到，這很正常，請先接納自己，再繼續練習。**

我們已經太習慣負面思考，永遠只看見自己做得不好的地方，這種習慣幾十年來根深柢固，不容易一朝一夕改變。你需要給自己一段時間來改變，並允許自己一開始做不好。如果因為做不好就放棄，那太可惜了。下一次自責、犯錯、失敗、搞砸時，如果連一個做得不錯的地方都找不到，沒關係，先接納自己。等到下下一次再練習，你會越來越熟練的。

**二、想要找出做得不錯的地方，盡可能是來自於你對自己的欣賞，而不是來自他人對你的肯定。**例如，在上述我自己的例子中，我找到的三個是：勇氣、沒有放棄與負責，這些都來自我對自己的欣賞。

這點非常重要。因為如果一直需要他人肯定，那會成為一種依賴，並且是將不自責的主控權交給別人，那是很不牢靠的，也不是為自己負責的表現。別人會怎麼看我，不是我能掌握的；我唯一能掌握的，是我怎麼看自己。

三、**盡可能看見自己在過程中做得不錯的地方，而不是只有看結果**。從結果來看，你可能搞砸了，但在過程中，你很用心，很努力，很有創意，很想把事情做好，敢於冒險嘗試……等等，這些都值得用來肯定自己。

當然，一開始練習時，要兼顧到這幾點，並不容易，所以你可以暫時將他人對你的肯定，視為是你做得不錯的地方，這會讓你比較容易完成這個練習。以那次在新加坡演講為例，除了勇氣、沒有放棄、負責這三點，我還能想到幾點做得不錯之處，是來自他人肯定的。

例如，我並非從頭到尾都講得很爛，中間有好幾個地方，台下反應非常熱烈，有掌聲，有笑聲，觀眾也很專注，無人提早離場，可見我也有講得不錯之處。

另外，在演講結束後，有些聽眾留下來排隊問我問題，這也可以證明我講得還不錯。如果我講得很糟，他們應該不會想留下來問問題。

這些都是來自他人的肯定。

剛開始練習時，可以三個答案都是來自他人的肯定。練習一陣子後，嘗試減少為兩個。再過一陣子，再減少為一個。最後，三個答案可以嘗試都是來自於自己的肯定。

## 練習5 自我欣賞清單

一、從「我是誰」與「生平大小事清單」中，找出一個你認爲自己很失敗的事件。

二、問自己：「在那個事件中，我有哪些做得不錯的地方？」

三、條列寫下你的答案，最少三個，越多越好。

四、寫完後，大聲唸出來，感覺身體與內在的感受有否變化？

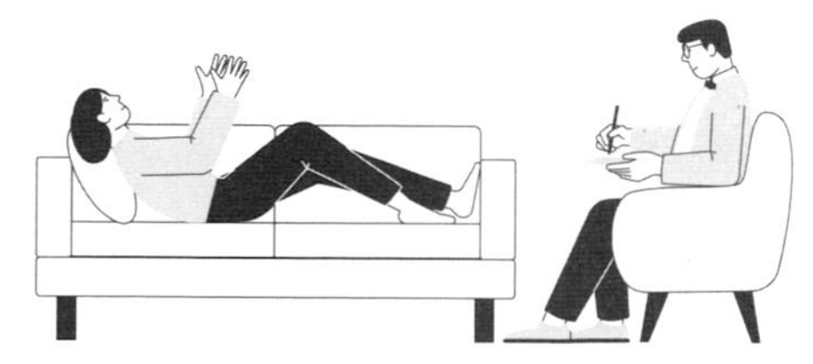

# PART 2

# 接納自己｜書信練習

我願意看見、承認內在的傷痛，
我願意擁抱它們，我也願意原諒、
接納自己。

# 幼稚園的第一天

二〇一七年十月，我在台北的大同運動中心與我的學長李崇建公開對談，那是一次很特別的經驗，我有兩極的感受在擺盪著。

一方面，我已當了崇建二十幾年的學弟，那日在現場，我繼續當個學弟，接受他的照顧，那讓我感到自在而放鬆。

但另一方面，現場來了好多人，我得面對人群，容易焦慮的老毛病又犯了。

對談開始，崇建先介紹他正在推動的「對話」，也介紹了我。而後輪到我講，我坦承自己此刻很焦慮，並請崇建以我為案主，現場示範如何透過對話，進入一個人的內在。

崇建看起來有些吃驚，但還是答應了。

他問我，此刻在焦慮什麼？

我說，面對人群，總是讓我感到焦慮。

崇建問我：小時候有類似的經驗嗎？

我想起一件小學的往事。

正當要說出時，我想起另一件更早期的事件，那是發生在我進幼稚園的第一天。

崇建請我多說一些細節。

## 焦慮的背後，有很深的悲傷與孤單

幼稚園第一天，我在母親的陪同下來到學校，進入教室就坐。我坐在第一排中間，最靠近老師的位子。我不認識老師，也不認識同學。身處全然陌生的環境，我很害怕，一直望著站在教室窗外的媽媽。不知過了多久，一個不留神，媽媽離開了……

說也奇怪，當我對著崇建與全場觀眾說到「媽媽離開了」這句話，竟有一股悲傷瞬間湧上，我一時無語。

崇建見我神情有異，問我：「怎麼了？」

「我感覺到很深的悲傷與孤單。」我深吸一口氣。

崇建請我閉上眼睛，專注與悲傷、孤單在一起。

過了好一會兒，我張開眼睛，張望四周，奇妙的事發生了。

與崇建對話之前，我很焦慮，台下坐著哪些人，我完全看不清楚。

對話過後，焦慮明顯減少了，我臨在地坐在台上，享受著放鬆與自在，甚至想著：我這樣會不會太舒服了些？

並且，我可以看清楚台下每一張臉孔了，包括一群在鶯歌任教的朋友，我清楚看見她們坐在同一排。

這實在太神奇了。

更神奇的在後面。

那場對談過後一陣子，我到新北市一所國中演講。那是個大學校，一個年級有三十班，全校近百班，在少子化的今天，甚為少見。學生多，家長也多，那晚的親職講座，來了數百位家長，若在以前，我一定焦慮得不得了，但那天幾乎沒有焦慮，我從容講完全場。

比這場演講更令我印象深刻的，是後來在基隆的一場工作坊。工作坊共三天，第三天要結束前，主辦人先講了一段結語，等她講完，便輪到我做總結。如果是以前，我一定無法專心聽對方說什麼，只會反覆想著：「待會兒要說什麼？」

很**奇妙的是，我當時內在出奇地安穩、平靜，完全不必思考待會兒要說什麼**，只需專注聽著主辦人說話。等到她說完了，我接過麥克風，還是不知道要說什麼，但接下來很自然、流利地說出第一句話。而第一句話說完，第二句話就接著上來，一句接著一句，像是骨牌一張張倒下般順暢，完全無須思考，而每句說出來的話都如此得體、恰當、精準，並且時間用得剛剛好，幾乎一秒不差。

我當時太驚訝了，**原來講話可以如此輕鬆、自在，只要在平靜、安穩、接納自己的狀態下，便可以不費力氣地一句接著一句說出來**。日後，只要我的內在能調整到那個狀態，大抵皆能如此說話。

如今回想，還是如夢似幻，很不真實。

## 害怕與人互動，直接影響課業與工作表現

我從小最怕與人互動，尤其害怕與三種人接觸——陌生人、女性和人群，一遇上這三種人，我立刻變得口齒笨拙，不知所措。

小學時，最害怕上台說話，突然被點到名要說話，會說不出來。如果事先被告知待會兒要上台，並不會比較好過，等待的過程反而是一種折磨，我會不斷想著：「待會兒要說什麼？」想好之後，又要不斷設法記住：「待會兒要說什麼？」上台前的這段時間，我什麼事都做不了，只能在那裡窮緊張，那其實是很焦慮、無助的，有時會緊張到上下排牙齒在打架，發出喀喀喀的聲音，實在太痛苦了。

有一次，班長主持班會，突然叫我上台說話，我腦袋一片空白，默默走上台，看著台下黑壓壓的同學，一個字都說不來。此時，班長竟然問我：「你上來

做什麼？」我聽了，亦不知如何反駁，遂默默走下台，既尷尬又羞愧，全班大笑。

事後才知道，原來我聽錯了，班長是說：「請大家自動上台發言。」我卻將「自動」聽成「志仲」，以為他在叫我，於是鬧了這個笑話。

這種情形一直持續到大學，都沒有改變，印象最深刻的一次，是有堂課要與兩位同學一起上台報告，他們兩人先講，輪到我時，我其實有準備，而且準備充分，卻連一句話都說不出來，連累他們兩人也跟我一樣拿了低分。

三十七歲時，我都拿到博士學位三年了，依然如此。那年，我與一群台灣學者到南京開會，夜裡有一場兩岸學者的茶敘，彼此交流，氣氛輕鬆。我是後生小輩，只需簡單自我介紹便可，但輪到我講話時，卻連自我介紹都講得顛三倒四、結結巴巴的，我的指導教授在一旁看了，也不禁搖頭嘆氣。

不擅言詞這個特質，在成長過程中，直接影響我的課業表現；而在長大後，又影響我找工作，多次面試不順利，都與笨拙的口語表達能力有關。

諷刺的是，近年來，我卻是以說話為生，演講、帶工作坊累計超過一千場，每週都要面對無數的陌生人、女性和人群。而我自認最擅長的是從事學術研究，卻一直苦無機會，這大概是造化弄人吧。

## 覺察情緒背後的情緒，進入深層的內在

從不擅言詞到以說話為生，我有過不少努力。

念研究所時，修教育學程，第一次意識到必須加強說話能力，否則以後要如何在學校教書？於是開始挑戰自己，只要老師徵求下一堂課上台報告的人選，我一定自告奮勇，舉手報名，因為可以事前準備，且上台講話時間不長，一般都是五到十分鐘，準備起來比較容易。我準備的方式是：在家中對著鏡子練習，這也成為我後來練習說話的主要方法。

這個方式有效嗎？有，但它僅限於短講，而且需要事前準備。如果說話時間長，或者事前無法準備，我會再度手忙腳亂。

另一次認真練習口才，是在十多年後，二〇一三年的寒假。當時，我已在崇

建的作文班觀課半年，每週看他說故事，我也躍躍欲試。我仍是土法煉鋼，寒假期間，自己編故事，每天在家對著鏡子練習，每個故事都要練習說二十遍以上，講到口乾舌燥。

這樣的方式雖然有效，一遇到一、兩小時的演講，效果就會大打折扣，因為我無法事前背下那麼長的演講內容。所以，後來又想出另一種方法：準備小抄。演講前，我會想好要講的大概內容，在紙上寫下關鍵詞，再帶到講台上，講不下去時就偷瞄一眼。這個方式還不錯，幫助我撐過許多演講。

但它也有局限：做小抄時，我會按講述順序寫下關鍵詞A、B、C、D、E，等到上台演講，有時會因應現場情形跳著講，先講A，再講D，講不下去時，再回來看小抄，往往找不到B在哪裡。演講初期，曾因此鬧過一些笑話。

現在我已不用、也無須用這些方式準備演講了。回首來時路，還是感謝自己當年的努力，如果沒有那些過程，我是無法走到今天的。

這幾年演講、帶工作坊，我早已不擔心講不出來，除了經驗的累積，也因為內在更加安穩。而**內在安穩，是關鍵中的關鍵**。

以前不擅言詞，主因是我在面對人群時容易焦慮，是焦慮影響了我的說話表現。但我以前並不知道，因此只著重在增進說話技巧。這些年，當我能**覺察焦慮，安頓內在**，說話便不再是太大的問題了。

我學習了各種方式來安頓內在，像是靜心、冰山、自由書寫等等，與崇建的那次對談則是轉捩點。

**在那日對談中，崇建到底在我身上施了什麼魔法，能使我有如此巨大的改變？**

藉由回溯的技巧，崇建帶我進入焦慮之中，與自己童年的悲傷、孤單重新相遇。換言之，我的焦慮並不僅僅是焦慮，背後尚有悲傷與孤單，如果沒有覺察並體驗悲傷與孤單，焦慮便會一直聚積在我的身心系統，繼續影響我的生活。

崇建藉由回溯，讓我說出與害怕面對人群有關的童年經驗。在敘述過程中，「媽媽離開了」是最關鍵的一句話，也是雙關語：一方面是指幼稚園第一天，媽媽離開了教室；另一方面是指多年後，她出了車禍，永永遠遠離開了我。這句話帶出了我尚未處理完的悲傷與孤單，崇建引導我與它們在一起，而後它們與焦慮便消散泰半了。這種**「願意與情緒在一起」的態度與方法，是處理情緒最健康的方式。**

當然，不是每個人都有機會與崇建對話，進入自己深層的內在。但是，每個人都能以「寫信給小時候的自己」這個方式，來探索、接納自己。

## 練習6 寫信給小時候的自己

現在，就請你立刻練習看看：

一、「從生平大小事清單」中，選出一件發生在童年（或十八歲以前）的事件。

二、寫封信給他。除了說教，其他都可以寫。

三、寫完後，唸出來，有什麼感覺？

以我自己爲例，這封信我可以這樣寫：

小志仲：

你在哭呀？媽媽離開了，你很害怕呀？

我也是。

我是長大後的你，今年四十九歲，比你整整大了四十三歲。我們的媽媽在九年前離開，永永遠遠地離開了，我當時也很害怕，不知如何是好，我當時也常哭，有一陣子甚至常常夢到她。

你哭吧，沒關係。小時候，大家都叫你別哭，那是不對的。哭是好的，那是健康的眼淚，想哭的時候就哭吧。

媽媽還在的時候告訴過我，說你小時候最黏她，只要她不在你身邊，你就會嚎啕大哭。

我想告訴你，媽媽還會繼續陪著你三十幾年，有時候會離開你，但她是去做她的事，在你需要她時，還是可以找得到她。

她是最好的媽媽，你以後會慢慢體會到。你有成就的時候，她會為你高興；你看起來人生無望、前途茫茫時，她還是會接納你，陪著你，全天下沒有幾個媽媽能做到這樣。我們多幸福啊，可以有一個這麼好的媽媽。

今天你就好好地哭吧，中午下了課，媽媽就會來接你。而在你四十歲之前，她都會一直陪著你，只要你有需要，都可以找到她。

當然，如果你有需要，也可以找我，我會一直陪著你。

中年志仲

# 總是覺得自己不夠好

二〇一三年六月，我參加生平第一場薩提爾模式工作坊，在張天安老師帶領的冥想裡，每個人回到各自的年少時期，與自己相遇。

我回到的是國中時的家。在冥想中，我是隱形的，看得到別人而別人看不到我。我在家中幾個角落看到父親、母親與妹妹，而當年的我則光著腳丫，穿著短褲，坐在家中樓梯口的地板上，正借著窗外的陽光，讀著放在腿上的歷史故事書。

天安老師用溫暖、緩慢的引導語，要我們於此刻現身，與當時的自己對話。

小男孩察覺有人靠近，抬起頭來，並無太多詫異，只是幽幽問道：

「你是長大後的我嗎？」

「是的，我是三十年後的你。」

小男孩遲疑了一下：

「我可以問你一個問題嗎？」

「你問吧。」

「我真的可以一直看課外書嗎？長大後會有出息嗎？」

我面帶微笑、一派輕鬆告訴他：

「你看，我現在不也混得不錯？你大可放心，一直看下去吧。」

這是我第一次「體驗」冥想，以前只是「聽過」冥想。聽過，卻不甚了解，總以為那是怪力亂神，嗤之以鼻。而在這次冥想中，竟出現如此栩栩如生的場景與對話，令我大為震動，淚流不止，我體驗到冥想的威力了，對自己也有更多認識。

## 以爲自己不在意，其實很在乎

原來，從那麼小的時候開始，我便擔心自己長大後沒出息。

原來，在成長過程中，我曾有這麼一段被壓抑得如此之深的焦慮、擔心、恐懼與不安。以往，我一直以為自己是不在乎大人那些「危言聳聽」的——

「考試快到了，要好好念書，不要看那麼多課外書。」

「看那麼多課外書，會影響功課，以後會考不上好學校。」

「考試又不考課外書，看那麼多做什麼？」

「看這麼多課外書，長大後會沒出息喔。」

大人可能是基於善意而有這些「提醒」，但聽在小時候的我耳裡，卻是質疑與否定，尤其我喜歡讀的又是文學與歷史課外書，引來的質疑與否定更多。如果讀的是科學書，符合社會主流價值，或許會得到肯定吧？

**那些質疑與否定的聲音，我一直以為自己不介意，原來我很在乎，只是將它們深藏在沒人看得見的內在角落裡，連自己都看不見。**

天安老師所帶的冥想，迫使我第一次如此誠實面對自己脆弱的一塊，雖然當時是第一次接觸薩提爾模式，對內在冰山仍一無所知，但我感覺冥想過後，內在有個部分變得柔軟了。

許久之後，我才明白，那叫**「連結渴望」**。

根據薩提爾模式的冰山理論，每個人的內在深處，都有共通的渴望：**每個人都渴望自己被愛、被接納，渴望自己是有意義、有價值，渴望自己是自由、安全、有歸屬感的**。

在那次冥想裡，我連結到了被接納、有意義、有價值等內在渴望。

冥想裡的那個小羅志仲，被長大後的羅志仲接納了。小羅志仲喜歡讀課外書，但周遭的大人給他的訊息無非是：那是沒意義、沒價值的，只有眼前這位大哥哥了解他，肯定他，這是一股巨大的接納，也讓他感覺到自己所做的有價值、有意義。日後，更促成了我與自己的和解。

怎麼說呢？

**面對大人的質疑與否定，年少的孩子會將它內化為自己的聲音，也用來質疑自己，形成自我否定**。換言之，以往都是大人告訴我們：「你不夠好。」久而久之，無須大人質疑，我們便會自認不夠好——

成績不夠好，身高不夠高，嘴巴不夠甜，體格不夠壯，不夠聰明，不夠乖巧，不夠可愛，不夠活潑，不夠善解人意……

但問題是：什麼是夠好呢？何時才夠好呢？要做到什麼程度，才夠好呢？所謂「夠好」，有個標準嗎？

最終，我們會發現：**夠好沒有標準，也沒有上限**。我們在內心深處，不只認為自己不夠好，而且是認為自己永遠都不夠好，再怎麼做，再怎麼努力，永遠都不可能夠好。

因此，**追求所謂的「夠好」，是個無底洞**。

## 只看到不足，卻看不到獨特性

十八歲之前，是建立自我價值感的重要階段，倘若大人只看到孩子的不足，卻看不到孩子的獨特性，孩子也會逐漸這樣看自己——只看到自己的不足（不夠好），卻看不到自己的獨特性。

**所謂獨特性，是與其他人不同之處**。

你的成績可能不夠好，但是你的手很靈巧。你的身高可能不夠高，但是你跑得快。你的嘴巴可能不夠甜，但是你很有正義感。你的體格可能不夠壯，但是你很靈活。你可能不夠聰明，但是你很善良。你可能不夠乖巧，但是你很有主見。你可能不夠可愛，但是你很老實。你可能不夠活潑，但是你很懂得獨處……

靈巧、跑得快、有正義感、靈活、善良、有主見、老實、懂得獨處等等，這些都是你的獨特性。

但大人通常看不到這些，他們通常只會看到你的「不夠好」。

這裡無意譴責大人。大人會這樣做，通常是因為：他們小時候也是被這樣對待的，他們也將那些質疑的聲音內化，只看到自己不足之處，看不到自己的獨特性。而我們是怎麼看自己的，就會怎麼看別人，我們覺得自己不夠好，也會覺得父母、伴侶、孩子……不夠好。

**認為自己不夠好，這是對自己的批判與指責**，對少數人而言，這或許會成為成長、進步的動力，代價卻無比沉重：那會讓人感到羞愧、糟糕、無力、挫折、沮喪，陷入痛苦之中。這種感覺並不好受，你我都有過。

天安老師的冥想讓我看到，大人對我看課外書的質疑與否定，逐漸也演變為我對自己的質疑與否定。

小時候，我是個在各方面都很普通的孩子：相貌普通，課業普通，家境普通，運動、才藝表現普通，口語表達、人際溝通的能力也都很普通。總而言之，就是個不起眼、存在感很低的孩子，有時，不免會懷疑自己存在的意義與價值。

這樣一個孩子，他生活中唯一的樂趣與重心，是看課外書，尤其是文學、歷史方面的書籍。

念小學時，班上有個公共書櫃，收藏著老師與同學捐贈的書。每到中午，其他男同學都快速扒完飯，結伴出去玩了，教室裡只剩下我與其他女同學。我很害羞、膽小，不敢與女同學互動，只是默默從書櫃裡借來一、兩本課外書，邊吃飯邊閱讀。我的座位常在角落，中午的陽光被百葉窗擋住，只有點點幾滴灑落在書頁上。在我遙遠的記憶中，常有這個美麗而孤單的圖像。

放學回家後，也仍繼續抱著課外書不放。《中國傳奇故事》大概是我讀過最多次的一本書，書中奇幻詭譎的情節，深深吸引我，百讀不厭，尤其〈杜子春〉

一篇，永遠看不懂，卻一直反覆看。日後念中文系，方知此書故事皆是根據唐代傳奇改編，難怪那麼玄妙怪誕。

或許因為見我喜讀課外書，小四那年，小舅送我一本三民書局出版、邱燮友譯注的《唐詩三百首》，那是我最早的詩詞啟蒙，至今保存。

當年到外婆家玩，常在大舅房間過夜，大舅長年在外工作，房間空著，獨留有一本《三國演義》，那是我隔天起床的精神食糧，讀過幾次之後，最喜諸葛亮，重讀時，每每從徐庶走馬薦諸葛讀起，諸葛亮死後的章節則略而不讀。

國中起，進一步讀柏楊版《資治通鑑》；高中時，開始讀李敖，讀《顧頡剛讀書筆記》，也看得懂《明夷待訪錄》原書……

## 與自己和解，不容易卻很值得

在知識上，我很早熟，也很孤單，因為同齡的孩子不會去讀這些。閱讀這類課外書，對當年正在建立價值感的我而言，太重要了，只是它並沒有正向反映在我的課業成績上，學校師長與我父母的焦慮可想而知，我和老師、父母之間的衝突越發頻繁，這也埋下了日後我與父親十八年不說話的種子。

面對父母與學校老師的質疑與否定，表面上我置之不理，實際上很難不將他們的話語內化，有時不免懷疑自己是否做錯了？因為我的內在還不夠強大，尤其在課業表現不佳，或日後謀職不順時，這些聲音又在內在迴盪著：

「考試快到了，要好好念書，不要看那麼多課外書。」

「看那麼多課外書，會影響功課，以後會考不上好學校。」

「考試又不考課外書，看那麼多做什麼？」

「看這麼多課外書，長大後會沒出息喔。」

不過，我不能讓這些雜音堂而皇之出現，否則就意味著我承認它們了，我得盡可能壓抑。

只是，**被壓抑的事物永遠不會消失，它一直都在，一直在內在干擾我，讓我很難感受到真正的平靜與踏實**。直到天安老師帶了那個冥想，那些聲音才不再被壓抑，而能如實被看見，我的淚水因此汩汩而下。

那是我與自己和解的開始。

**與自己和解意味著：我願意看見、承認內在的傷痛，我願意擁抱它們，我也願意原諒、接納自己。**

在那之後，我積極運用各種方式，**與內在的自己、過去的自己和解。這不是一條容易的路，卻是一條值得的路**。我在這本書分享的方法，你都可以試試。

## 練習7　當年的你寫信給現在的你

這裡，要分享另一個方法，可與練習6的方法結合，一起練習。

**一、現在，請你花一點時間，回憶小時候一個你感到受傷、孤單、害怕、無助的場景。**盡可能多想一些細節。例如，那是你幾歲的事？當時你在做什麼？地點在哪裡？是白天或者晚上？天氣如何？你穿著什麼樣的衣服？臉上表情如何？周遭有其他人嗎？他們正在做什麼？越細膩越好，這會讓你在做以下這個練習時更有感覺。

**二、讓當年的你，寫一封信給現在的你。下筆時，盡可能去感受當年那個小男孩或小女孩的感受。**以我爲例，我會這樣寫：

哈囉，志仲大哥：

知道你是三十年後的我，我還滿開心的，原來我可以長得像你那樣，雖然我對大人的世界很不了解。

你也知道，我一直對自己沒信心，總覺得自己比別人差，也沒有才藝、才華。其他人都至少有一樣很好，有的人每一樣都很好。只有我，每一樣都很普通，甚至滿差的。我想問你：你對自己有信心嗎？如果有，你為什麼能對自己有信心？

你也知道，我沒什麼興趣，唯一的興趣是看課外書。但大人常說這些沒什麼用，叫我不要看那麼多課外書。他們的話聽起來滿有道理的，只是，如果我不看課外書，我還能做什麼呢？跟同學玩？我又不太會說話，人緣也不好，也沒什麼吸引他們的地方。我也跑不快、跳不高，所有的比賽都輪不到我，我什麼都不擅長。

雖然我以後會長得像你那樣，但那是以後的事，我現在過得並不快樂，上學好無聊，大人好囉唆，只有看課外書是有趣、好玩的。可是，只要一想到大人說看這個沒有用，我就有點看不下去了，覺得好煩。

我該怎麼辦呢？

喜歡讀課外書，有時又覺得自己不該讀的 羅志仲

如果你願意，可以搭配練習6，再寫一封信回覆那個小男孩或小女孩。

# 接納是珍貴無比的禮物

與兩位工作夥伴一同驅車前往教師研習地點，途中，我請她們各準備一、兩個小故事，待會兒在研習裡分享。到了現場，其中一位夥伴問我：怎麼會對她這麼有信心？難道不會擔心她講壞了？

我笑了笑。

我對夥伴自然是有信心的，更重要的是：我並不擔心她們講壞了，我可以接納她們講不好。

因為，我也曾被這樣接納。

我的爸媽接納過我。我在求學時期的老師張守明、唐翼明、朱曉海等，他們接納過我。我的學長李崇建接納過我。在工作上，陳明柔、林香伶老師也接納過我。

他們都是我生命中的貴人。

**我被接納了，所以我也能接納自己，而後，也能接納他人。**

## 來自父母的接納

二〇〇二年夏天，我離開中學教職，不當老師了，去台北找其他工作。找了一年半，四處碰壁，積蓄也花得差不多，山窮水盡，走投無路，不知如何是好，只好打電話回家。

我和母親感情一直不錯，我想向她求助，沒想到接電話的是父親。當時我跟父親冷戰，已經很多年不說話，當下很尷尬，彼此都沉默了好一會兒，我才硬著頭皮，向他說明我的窘境。

「你就搬回來住吧。」沒想到他這樣說。

如今回想，這句話正是一個父親對兒子的深深接納。

有許多人會以為：接納是無論對方做什麼，我們都同意，都認為那是對的、是好的。

這是對接納的天大誤會。

我父親並沒有認為我找不到工作是對的、好的，他也不贊成我失業，他更沒有說：「你真棒，你失業得太好了。」**接納與同不同意對方的所作所為完全無關**。

與父親相比，母親對我的接納更多。

我曾兩度長期失業，剛剛那個故事，發生在我第一次失業期間；接下來這個故事，則是發生在我第二次失業期間。

第二次失業的時間更長，我感受到的失落、茫然與絕望也更為深沉。當時，我常這樣想著：我才三十多歲，就一身病痛，難道要這樣過一輩子嗎？我拿到博士學位，不僅無法將專業作為志業，連當成職業都有問題，我該何去何從呢？

這股巨大的失落，讓我感到空虛，不斷從外在尋找寄託之物：除了瘋狂追劇，還瘋狂蒐集球員卡，瘋狂買書，瘋狂玩Wii，瘋狂在陽台種樹栽花，瘋狂鑽研版本校勘之學，瘋狂寫棒球部落格……

從事那些活動，完全沒有任何問題，瘋狂才是問題。**瘋狂的背後如果是內在匱乏，那便是個無底洞，想用外在事物填滿內在的無底洞**，那是不可能的，只會越來越瘋狂。

我當時哪懂得這些呢？我根本不認識自己（雖然我以為我認識），也**不曾體驗過內在豐盛與富足，哪會知道人生可以有不同的方式？**

幸運的是，我當時擁有一個無比重要的資源——母親對我的接納。

在許多人眼裡，我當時大概是個很沒出息的兒子。可是我母親從不這樣認為，她對我當時的狀態是全然接納的，從未在工作上指責我、催促我或嘮叨我，我們甚至可以一起追劇、玩Wii，一起到園藝店買植物回家種。她不太懂棒球，但願意聽我說。

**她接納的，並不是我的行為，而是我這個人，我的存在**。

那幾年，我從沒感受到她企圖改變我。她也從來不說「加油」「振作」「你一定可以的」「要相信自己」這類看似鼓勵，實則效果可疑，且會帶來壓力的話。**她完完全全接納了我，我才能度過對人生充滿絕望的那些年**。

有些人會以為接納意味著放棄不管，其實接納與放棄是相反的兩碼事。那些年，我從來沒感受過母親放棄我，相反地，我感到母親很愛我，很關心我。

因此，接納不是放棄，也與同不同意對方的行為無關。

我的母親未必懂得這些道理，更不知道她那無條件的接納，最終會幫助我走過人生最長的一段低潮。

我當年也不知道。

這幾年，我比較認識自己了，開始明白：**對一個生命的失落者而言，最重要的可能不是什麼實質的幫助，而是深深的接納。**

我不知道母親是怎麼做到的，總之她做到了，而我多麼幸運成為她兒子。

我的父母都只有小學畢業，可見接納與學歷、知識無關，再高的學歷與學識，也不一定能做到真正的接納。

## 來自貴人的接納

第一次失業期間，我還感受到唐翼明老師對我的接納。

我曾在研究所修過唐老師一年課，他對我的期末論文評價甚高。失業期間，曾有一個工作機會，需要推薦信，我想找他幫忙，又怕他拒絕，更怕他早已忘了我，躊躇數日，才前往他位於政大的研究室拜訪。

我心裡膽怯，見了他，不敢開門見山，只是東彎西繞，談往事、話家常，而後逐漸圖窮匕見，提到我的近況與來意。

在那之前，我曾被多位長輩訓斥，謂我任性、糊塗、不負責任，失業是咎由自取云云，我當時也很害怕唐老師會那樣看我。

沒想到在聽了我的來意後，唐老師不假思索，應聲而答：

「好，我幫你寫。」

聽到這句簡短有力的話，我的眼眶濕了。

在我人生很低潮的時候，有這麼一位師長，不因我的潦倒、失意而拒我於門外，反而爽快地答應出手相助，這是多麼深的接納呀。

多年之後，唐老師從政大退休，要回武漢定居，我幾乎是連滾帶爬地去政大找他，無論如何也要請他吃頓飯，以作為一個學生對老師的小小感謝。

而在我轉行的過程中，崇建學長是提攜我最多，也接納我最深的人。

二〇一二下半年，我到他的作文班觀課，幾次過後，他問我：要不要下次上台跟學生說個小故事？我同意了，結果講了一個很爛的故事，但他很接納，指出我講得不錯的地方，並繼續給我上台的機會。

不只如此，隔年起，他開始推薦我去演講。

別說演講了，就連說話我也不擅長，從小到大，不知因此搞砸了多少機會。而崇建居然推薦我去演講？而我居然也答應了。

第一場演講跟我第一次上台說故事一樣，講得爛透了，接下來幾場演講，也是講一場砸一場。但崇建繼續推薦，而我也繼續答應。

講得爛，對方自然不會再找我去，但偶有例外：靜宜大學的陳明柔老師與東海大學的林香伶老師，她們兩人一再給我機會。在演講這件事上，她們與崇建對我有太多接納。

我生平第一場演講，正是陳明柔老師找我去的。我們之前並不認識，是崇建將我推薦給她的，而她居然也願意給我這個素人機會。日後我們較熟了，聊起那場演講，她笑說，她當時在後面看，心想：這個人講起話來，為什麼動作、姿勢一直左閃右躲的？他到底在閃躲什麼呢？

我最害怕面對人群，自然是在閃躲人群！在演講時閃躲人群，那是何等滑稽的場面？

那場講得很爛，照理說，明柔老師已給過我一次機會，大可不必再給我下一次。然而，她此後卻一而再、再而三地給我機會，從演講到工作坊，從TA（教學助理）組到教師組，從十幾人到一、兩百人，她全然信任我、接納我，我才能越講越好。因此，每次回到靜宜，就好像回到了娘家——演講生涯的娘家。對此，我有太多感恩。

我曾問明柔老師，為何願意一再找我去？她說：

「栽培一個新人不容易，當然要給新人多一些機會。」

是呀，有誰想搞砸呢？我也想把話說好，每個人都渴望展現自己最好的一面。**選擇接納，便有動力做得更好；選擇指責或說教，只會讓人想放棄。**

明柔老師的話深深影響我。往後，我會一再邀請演講經驗較少的工作夥伴上台分享，即是這個緣故。

林香伶老師也是因為崇建的推薦而找我去的，那次真是災難級的演講。幾年過後，她再次請崇建推薦，崇建仍舊推薦我，她感到不可思議。冷靜過後，她上網搜尋資訊，研判我那幾年應有進步，而後決定再冒險找我去。

而那一次，我的表現很好，她也滿意，日後又找我去了幾次，我很感謝她給我機會。

## 來自師長的接納

我的第一場演講是在二〇一三年三月，當時完全不覺得會有第二場、第十場、第一百場……不知不覺中，十年過去，我已講了超過千場，如果不是遇上崇建、明柔、香伶這些貴人，單憑我一人之力，怎能走到今天呢？

我生命中的貴人，又豈止他們？轉行後，我一直有個心魔：要如何面對過去對我恩重如山的老師？朱曉海老師是我博士班的指導教授，他期許我在學術界發光發熱；張守明老師是我高中留級後的導師，他期許我在文壇發光發熱。結果，我後來從事的工作卻與文學、學術八竿子打不著，我要如何面對他們？

博班畢業多年後，我鼓起勇氣，前往朱老師住處負荊請罪，想向他解釋：我為何沒能堅持下去？為何要轉行？轉的是哪一行？……

豈知一開口就發現，再多解釋都是多餘，因為**那些都是我給自己定的罪，我想像出來的罪**。朱老師唯一在意的，與我父親在意的一樣：你現在過得好嗎？收入穩定嗎？

是啊，他既是我的老師，也如同我的父親。二十年前，我三十歲，失業多時，窮途末路，是他給我機會進入清華博班，得以重生，此恩難忘亦難報。

而在多年後，我辜負他的期待，沒能進入學術界，而他在意的，卻只是我是否過得好？這是一位老師對學生最深的接納呀。

張守明老師也給了我這樣的接納。

二〇一九年底，距離我們上次見面，已隔了十二年，我懷著忐忑之心，前去他的住所拜訪。

老師一看到我，頓時笑了起來：

「哎呀，是你呀，快進來。前陣子我才跟人說，這個羅志仲不知跑去哪裡了，這麼久都沒消息……」

聽了老師這樣說，我稍稍鬆了一口氣。

接著，他問起我現在的工作，我感到有些窘迫，不知如何解釋。

「老師，你要先有心理準備，我這幾年轉行了，做的是我以前完全不擅長的。」

不知怎麼回事，我的聲音逐漸變小，彷彿在講著見不得人的事：

「我在演講……」

「你在演講？」老師果然笑了起來。「講哪一方面的？」

我繼續感到窘迫。

「老師，你還得有心理準備。」

我的聲音又變小了，好像做賊似的：

「我講人際溝通。」

他笑得更大聲了。

我知道，他的笑並非嘲笑，而是為我開心：眼前這個讓他長年擔心的學生，終於可以自立了。他只是沒想到，**我竟會在過往最笨拙的領域，找到自己的一片天。**

朱曉海與張守明老師對我的接納，幫我在目前這條路上走得更安穩、踏實。**接納，真是一份無比珍貴的禮物。由於曾被接納，我逐漸能接納自己，而後，也開始有能力給出這份禮物，去接納身邊的人。**

在你的生命中，一定也跟我一樣，曾遇過許多貴人。他們或許也接納你，或許給你其他禮物，例如：愛、關心、安全感，或者讓你感到自己是有價值的……

## 練習8 寫信給貴人

這裡會結合「清單」與「寫信」兩種重要工具，來回顧那些貴人對我們的意義。

**一、準備紙筆，電腦打字亦可，以條列的方式，寫一份「貴人清**

**單」**，寫下那些貴人的名字或你對他們的稱呼。（例如四舅、大伯、三嬸婆等等）

**二、從清單中選出一位你在這個當下最有感覺的貴人，寫一封信給他**，表達你對他的感謝、欣賞、關心、思念、愛等等。書寫時，盡可能交代事件，這會讓你在下筆時更有感覺。

**三、寫這封信的主要目的，在於滋養自己**；對方能否看到信，並不重要。因此下筆時，大膽寫，憑著直覺，想到什麼就想什麼，無須考慮太多。

**四、寫完後，唸出來，去感覺唸與寫的不同，也去感受內在。**

**五、你可以將信寄給這位貴人，也可以不寄。**如果這位貴人已經不在世上了，而你又很想讓他知道，你可以到他的墓前或塔位前唸給他聽。

**六、一次寫一封信就好，細細感受內在的變化。**過幾天或一陣子，你可能想寫另一封信給另一位貴人。

# 局限在角色裡的親子關係

我曾與父親十八年不說話。不說話是有原因的，因為一說話就吵架，吵架太累了，不說話反而輕鬆些。

不知不覺中，就這樣過了十八年。

母親車禍後，有許多決定需要全家一起決定，我和父親不得不重新開始說話，一說話，又開始吵架，他痛苦，我也痛苦。

我去找學長李崇建與張瑤華老師談話，與瑤華老師談話時，我對父親有許多新發現。

例如，父親的出生跟我完全不同。我是家中長子，出生時是受歡迎的。日後我問過父親：我出生時，有誰在場？

他說，除了他和母親，還有外婆。

我是外婆的第一個孫子，儘管只是外孫，但外婆對於我的誕生感到興奮。難怪，外婆一直最疼我，我的童年記憶中，有許多外婆的畫面，她給我的愛，至今仍在滋養我。

父親就不同了，他出生時，上有三個哥哥、一個姊姊，日後又添了兩個弟弟、一個妹妹。

瑤華老師問我：「你覺得他的出生、成長是受重視的嗎？這對他會有什麼影響呢？」

從家庭排行來看，在八個手足中，他排行第五，存在感很低，應該是沒有太受到重視吧？

此時，我突然意識到，我對父親的認識太有限了。在成為我父親之前，他是誰？他是如何長大的？經歷過哪些事？我幾乎一無所知。我對他的認識，幾乎都局限於「父親」這個角色。

然而，他不只是個父親，還是個丈夫、兒子、哥哥、弟弟……**他有各式各樣的角色。更重要的是，在角色之外，他還是個「人」**。

## 透過訪談，勾勒父親的人生軌跡

如果我想了解他是什麼樣的「人」，而不僅僅局限於他是什麼樣的「父親」（角色），我便得對他的過去有更多了解。畢竟，他也曾是個嬰兒、兒童、青少年和青年，之後才步入成年與婚姻，他並不是一出生就成為我父親的。

我決定做一份「家庭編年史稿」。

要做這份「家庭編年史稿」，需要核對相關證件、資料，參照我念高中時記下的族譜資料，以及，對我而言最困難的：訪談父親，從他口中知道更多他的過去。

當時，父親的記性已大不如前，回憶往事難免張冠李戴，明明是要說大伯的事，口中卻不停提到三伯。此外，更大的挑戰還在於：我訪談他時，我們尚未和解，互動一久，又會掉回過去的慣性裡，或者吵架，或者不歡而散。

幸好有學「對話」，儘管當時的對話技巧仍很粗糙，我還是勇於嘗試。也幸好在念中文系所時，受過嚴謹的學術訓練，對於父親所說內容，我能經由考證真偽，慢慢勾勒出他的人生軌跡。

在母親過世後、父親住進養護中心前的那一年多，我曾兩度與他深入對話，一點一滴拼湊出他的人生軌跡。在那之前，我只知道，父親只有小學畢業，他的父母很早就過世了。至於多早過世？什麼原因過世？我一無所知。

訪談時，父親告訴我，他的母親在他十一歲那年難產死亡，他的父親在他十七歲時以自殺結束生命。我的爺爺奶奶竟然都是非正常死亡的，這對我來說太震撼了，而對年少的父親而言，想必更是難以承受之痛吧？

父親只有小學學歷，十一歲喪母，十七歲喪父，要如何在手足眾多、關係緊繃的家庭環境中，找到自我價值感呢？顯然，只能靠自己奮鬥。

喪父後不久，他離開世代務農的原生家庭，下山謀生。一開始是當搬運工，當兵退伍後，在貨運行當捆工，都是十分粗重勞累的工作。只有小學畢業，又無一技之長，以勞力謀生，終非長久之計。於是，去學開車，陸續考取了貨車、卡車、客運駕照，開始開著大車到處送貨。

三十歲結婚那年，他被客運公司錄取了，準備去當公車司機。考慮到離家太遠，他放棄這個機會，轉而選擇進入電信局（中華電信前身）當臨時工，開工程車。

隔年，他的第一個孩子——我——出生了，經濟壓力驟增，他要拿什麼支撐一個家呢？過兩年，我妹妹出生了，父親的經濟壓力更大了。

幸而，他也在那年成了電信局的正式員工，家中的物質生活有了基本保障。

在我十一歲那年，父親以小學學歷，憑著自修，通過司法院考試，取得電信局「技術士」資格，還考贏他那台中一中畢業的同事。

訪談至此，我突然想起，父親以前常會提到這段往事，重點都是放在「小學畢業的他，考贏台中一中畢業的同事」，言談之中，難掩得意與自豪。

我以前不了解這件事對他的意義，聽多了往往感到厭煩，直到那兩次訪談過後，才深刻了解到，那是他事業的顛峰，他也從中找到自我價值，這對他而言太重要了。

這也難怪，當他六十歲不到，因電信局要轉民營，被迫退休對他的打擊會那麼大，這意味著他的自我價值被撼動了。為此，他不惜與同事走上街頭抗爭。

在我眼中，父親一直是個「順民」，那是他此生唯一一次走上街頭抗爭，可見他有多氣憤難平！

最終，電信局還是民營化，父親只能無奈退休，他的成就感、價值感為之土崩瓦解，從此鬱鬱寡歡，身心狀態急遽惡化，每天將自己關在家裡，百無聊賴地看著電視。

當我藉由訪談，完整回顧父親的生命軌跡，對於他退休後的「自暴自棄」便釋懷了。他一輩子都在奮鬥，直到退休前還上街抗爭，他是抗爭無望才「自暴自棄」的，那也是他此生第一次放棄。而我這種經常自暴自棄的人，又有什麼資格不諒解他呢？

相反地，我對他有了更多同理。

父親被迫退休，一如我被迫轉行。他在電信局待了數十年，我在中文系所念了十數年，要下定決心放棄自己熟悉、熱愛的事物，不僅困難，而且不堪。而同樣是放棄，他沒有我的幸運——他自此一蹶不振，我卻因為奇妙的機緣而得到重生。

如同本書第一篇中那位妻子因為了解而接納了丈夫，我也因為對父親有了更多了解，而更接納他了。

**知道父親曾發生什麼事，並不能改變過去，但可以改變過去對現在的影響與衝擊**，讓我能以新觀點、新感受，重新看待他這個「人」，看待我們之間的關係。

## 從十八年的冷戰到八年的相處

**我們對父母的認識，幾乎都局限在他們的角色裡**，我們只將他們當「父母」看，而不將他們當「人」看（當然，他們也往往沒將我們當成「人」看，而是將我們框架在「子女」的角色裡）。我們忘了他們也是個「人」，他們也曾是個嬰兒、小孩，也有青春期的苦悶與徬徨，也有成年後進入社會的挫折與無助。

當我們越能將他們當人看，越了解他們的過去，同理與諒解才會出現。**唯有脫離父母、子女的角色，回到人與人的互動上，親子之間真正的愛、關心、釋懷、接

**納、放下才有可能出現。**

有心與父母和解的人，不妨花些時間去了解他們婚前的生命歷程，那會讓我們的視野變得寬廣，能開始將他們當成「完整的人」，進而體會到：**他們對我們的教養方式是無從選擇的，因為他們無法給我們他們身上沒有的東西。**

我運用許多方式與父親和解，這是其中一種。

父親住進養護中心後，記憶力每況愈下，想從他口中知道他的過往，更加困難了。幸好我的對話能力持續進步，有時仍能在與他的互動中更認識他。

有一次，他問起我的工作，我說起崇建這些年對我的幫忙。他問：

「這個人是誰？」

我說，崇建是我的大學學長。

父親聽了，嘆了口氣：

「你的學長真是你的貴人呀。」

我點了點頭，父子倆同時靜默了下來。半晌後，他想起一件往事：

「我也有個貴人……」

「喔，他是誰呢？」我眼睛一亮，這是我第一次聽他提及此人，頓時感到好奇。

「他住石城，當初介紹我進入電信局當臨時司機。」

講完了？

是的，這麼簡略，這就是父親平日講話的方式，典型的「難聊人」。

我決定開啟對話模式，問出多一些內容。

「石城在哪裡呢？」

「你不知道石城在哪裡呀？」父親笑了。

「不知道。在哪裡呢？」

他停了一會兒：「石城就在石城啊。」

呵呵，這是哪門子的答案？我得換個方式問：

「石城在哪個縣市呢？」

「就在台中呀。」

「台中的哪裡？」見他一臉茫然，我多問一句：「哪個鄉鎮？」

「東勢。」

光是地點，就花了好一會兒工夫，與父親對話可真不易呢，但這對當時的我而言，越來越不是問題了。

接下來，我繼續與他對話——

他是誰呢？你們是怎麼認識的？你當時在做什麼工作？你跟著他做多久？他怎麼會介紹你去電信局？他怎麼有辦法介紹你進去呢？

父親最後在電信局退休，也靠著在電信局的穩定工作，養活了一家大小。因此，那位介紹人何止是父親的貴人，也是我們家的貴人，我對這位貴人滿懷感激，想多了解他，父子倆的對話持續著——

你後來成為正式司機，他知道嗎？他有什麼反應？你們後來還有聯絡嗎？他現在還在嗎？他過世幾年了？你怎麼會知道他過世的消息呢？他中風期間，你有去看過他嗎？那家療養院在哪裡？你是怎麼去的，自己開車還是搭客運，還是？你那時候退休了嗎？你和媽去看他的時候，他有辦法講話嗎？他是哪一手和哪一腳沒辦法動的？他要你不要常去看他呀，什麼原因呢？後來，你還有去看他嗎……

曾經十八年不說話的父子倆，竟能如此和諧對話，一談就是半小時，想來真是不可思議。我也因為這場對話，更加認識他這個「人」了。

另有一次，仍舊是在養護中心與父親聊起近日工作，我提到接下來要去溪湖演講，他的眼睛瞬間亮了起來：

「我年輕時去過。」

我的眼睛也亮了起來，趁機與他對話，了解更多細節。

原來，退伍之後、考上駕照前，父親曾在豐原的貨運行當捆工，貨車去哪兒，他就跟到哪兒。去溪湖，是為了捆菜，傍晚去，夜裡回來，運到市場交貨，好讓菜販隔天一早叫賣。他還清楚記得，除了溪湖，也到過永靖、社頭、田尾等地。

日後考上貨車、卡車駕照，他去的地方就更多、更遠了。

「全台灣我都跑過，很熟的啦。」他自豪地說。

說來奇妙，在父親全台走透透的五十年後，我正在以不同的形式，走過他當年走過的地方。他問我，接下來還會去哪些地方演講呢？我說，大園、竹崎、大埔、尖石……

「這些地方，我都去過啦。」父親再次自豪地說。

相隔五十年，我們父子都去了那些地方工作。不同的是，他是去「捆綁」，無論捆綁的是蔬果或其他；我則去「鬆綁」，鬆綁他人的內在與溝通模式。我們的工作性質是如此相異，卻又如此相似。

而在幫助別人鬆綁之前，我先鬆綁了自身的束縛——我先讓自己自由，在父子之間畫出一條明確的界線，而後，父親也自由了，他不再需要找個人和他綁在一起。

父親的眼神仍因鮮明的回憶而發亮著，但窗外的天色已隨著夕陽逐漸西沉而慢慢變暗，我打斷他的談興，推著他的輪椅到大廳候飯。

時值連假尾聲，許多來養護中心探班的家屬也陸續推來老人，大廳裡熱鬧極了。喧囂之中，我向父親道別，悄然離開。

隔天起，我將繼續用我的方式，走過他五十年前走過的地方。

二〇二二年三月底，父親辭世。

**我們曾經十八年不說話，母親走後，我們父子相處了近八年，從衝突、和解到接納，這個過程與結果，很圓滿，真好。**

## 練習9 寫信給父母

**一、寫封信給父親或母親**，表達你對他（或她）的感謝、欣賞、關心、思念、愛，或者不滿、憤怒、困惑、遺憾等等。

**二、寫這封信的主要目的，在於誠實面對自己與父母之間的關係、情感，而不是要讓父母看到這封信**，因此下筆時，大膽寫，憑著直覺，想到什麼就想什麼，無須考慮太多。

**三、寫完後，唸出來，去感覺唸與寫的不同，也去感受內在。**

**四、可以將這封信給父母看嗎？可以，但須考慮到：可能會有什麼後果？**那個後果是你想要的嗎？是你承擔得起的嗎？而後，做出你的決定，並且爲你的決定負責。

# 無法逃避的生命功課

父親留下的東西中，這支手錶是我最珍視的。

自從我有記憶以來，父親一直帶著這支錶，我一直以為是他與母親的結婚禮物。母親過世後，這支錶也停了，拿去鐘錶行修理，老師傅說這支錶太老，他們修不了，父親從此沒再帶錶。

當時，父親還住在家裡，還沒搬到養護中心，我與他仍未和解，兩人之間仍有許多衝突。

當時，我已學了一、兩年的薩提爾模式，知道**父子關係是我無法逃避的生命功課，我想好好面對**。

只是，兩人十八年不說話了，想好好面對，談何容易？

我很認真面對這份功課，每天靜心，並找學長李崇建、張瑤華老師談話，也將托勒的教導運用在父子關係裡，每天與父親在生活中硬碰硬，不再打岔。

很艱難，但我沒有放棄。

與瑤華老師談話那次，她帶我探索原生家庭對父親的影響，我發現自己對他的原生家庭很陌生，我於是做了一個決定：用我當時還很蹩腳的對話能力與父親對話，了解他的原生家庭與成長經驗。

我們對話了兩次，兩次都不太愉快，但我慶幸當年能鼓起勇氣與他對話，那加速了我們的和解歷程，我因此更了解他的過去，更能把他當成一個「完整的人」來看待，而不只是將他局限在「父親」這個角色上。

我更結合我的學術老本行，為他的生平做一份年表稿。**看著他的成長歷程，我對許多事情都釋懷了，內在的憤怒、怨恨也鬆動了**。

那是我們關係的一次巨大躍進。

也是在那兩次對話中，我才知道那支錶的真實來歷，並不是什麼結婚禮物，而是隱藏了一個驚人的祕密。

## 徵兆之說，讓父親深陷自責與悔恨

這個故事，得從二〇一四年八月的那一天說起。

母親車禍後隔天一早，父親並未按照習慣去散步，我有些擔心，便拉著他到公園。之前都是母親與他一起散步，我沒有散步的習慣，但為了他，我可以陪他走走。

散步時，父親告訴我，他整夜胡思亂想，沒睡好。他說，他很困惑，母親為何要在車禍前幾天交代後事？他認為，這絕對不是巧合，而是「徵兆」！

父親提到的那件事，發生在車禍前五天，我們一家三口坐在客廳，母親一邊拿著書，一邊對我交代她的後事：不要插管；要找萬安生命處理後事，最低價即可；盡可能海葬。

散步時，父親認為那就是「徵兆」，但我不這麼認為。我告訴他，那天的真實情形是：母親的確是在交代後事，但她交代的其實是她與父親兩人的後事，尤其是父親的後事。只是她怕影響父親，未明說，對我使眼色，並將手上的書遞給我看。

那本書是布萊克．摩里森的《最後的告別》，母親示意我看一四〇頁這段：「他有心律調節器，不是嗎？我必須請醫生把它取出來，或我下次帶手術刀來自己動手。你知道，如果要火化，非把它拿出來不可：表格上寫得很清楚，不可有心律調節器。曾經有爆炸的先例。」

父親也裝有心律調節器。母親的意思再清楚不過了，她談的是父親的身後事。母親的判斷也可理解：以他們兩人當時的健康狀況而論，如果沒有意外，父親會先走，先考慮父親的身後事，合情合理。

誰知世事難料，身體較為硬朗的母親，卻遇上了嚴重車禍。

父親聽到我這樣說，沉默了好一會兒，才說：如果他先走，每個月兩萬多的退休金就沒了，恐怕會影響我和母親的生活。但要是母親先走，他心裡也很痛苦。

接下來，他透露了一個祕密：十一歲時他的母親過世了，他非常痛苦，很想跟著走。這是他第一次對我透露，我以前從不知道。父親提及此事，似乎也在暗示：如果媽媽先走了，他也想跟著走。

但這畢竟只是我的猜測，我向父親核對：

「媽這次出了車禍，你也會想跟著走嗎？」

他又沉默了一會兒，緩緩說道：

「有時候會。」

**我並沒有勸父親「不要想不開」「別做傻事」，那是在否定他真實的痛苦感受**。面對母親車禍，我也很痛苦，而父親在十一歲之年，在那麼需要母愛的年紀就經歷劇痛，此刻的痛苦想必更勝於我。

這份理解，讓我對父親此刻的痛苦多了一份接納。我只是回應他：

「有這種想法很正常，因為太痛苦了。」

儘管對父親的痛苦有了理解與接納，但我還是很難苟同他的「徵兆」之說，我遲疑了一會兒，開始滔滔不絕向他解釋著：那不是徵兆，只是巧合。

看來，我對父親此刻的狀態仍無法百分之百的接納。

為了向我證明那是徵兆，父親再向我提出另一個「證據」：

母親車禍前兩週，他們兩人一如往常，到小姑姑家喝茶、聊天。

這是父親退休多年後的固定行程：每週總有幾天，午覺醒來，他與母親兩人開車到山上小姑姑家的果園閒坐。姑姑若在屋內，兩家人便一塊兒聊天；若在果園裡忙，父親與母親便自行喝茶，並不驚動姑姑。

那是他們晚年的日常，平淡而安穩的下午茶。

那天下午，兩家人照例在果園喝茶、聊天，母親突然提起她的擔心：要是她先走了，他怎麼辦？

一向樂觀、健談的姑姑聽了，哈哈大笑：「妳要去哪裡？妳能去哪裡？」

父親一聽，也笑了。

那日下午尋常的一席話，便是父親所謂「徵兆」的另一個鐵證！

母親過世後，父親不時提起那日下午在小姑姑家發生的事，他很自責、悔恨：當時怎麼就沒意識到那是個「徵兆」呢？

他一直深信那是「徵兆」，無論我如何告訴他：「那是巧合，不是徵兆。就算是徵兆，你也無從預知、預防車禍的發生。」他都聽不進去，依然耽溺在無窮的自責與悔恨中。

我很想說服父親，讓他不再自責與悔恨，但我始終無法做到。

## 一支舊手錶，藏著家族的驚人祕密

日後，我在訪談父親時，意外得知一樁家族祕密，這讓我對父親有了更多的理解與更深的接納，從此不再想改變他。

在訪談時，父親透露：在他十七歲那年，他父親喝農藥自殺。五十多年來，他只對我母親說過這件事。

我聽了，震驚不已。

還有令我更震驚的。

他說，在我爺爺自殺前三天，曾將他叫到跟前，他當時很畏懼，因為我爺爺很嚴厲，常體罰孩子，沒想到那天我爺爺竟反常地將腕上的手錶解下來送他，他從父親身上感受到了溫暖與善意。

三天後，我爺爺自殺身亡。

事後，年少的父親認為：送錶這個舉動無疑是個「徵兆」，我爺爺藉此暗示他將不久於人世。儘管畏懼我爺爺，但對於自己沒能意識到「徵兆」的出現，父親深感自責與悔恨，他認為自己原本有機會救我爺爺一命的。

又是徵兆！又是自責與悔恨！我聽了，頓時茅塞頓開。

難怪，無論我如何告訴他，母親的那席話是巧合，不是徵兆，他都聽不進去，他依然堅信：那就是徵兆。原來，早年的陰影一直纏繞著他。

尤其，對一個十七歲的孩子而言，喪父是何等悲痛之事！而且又是自殺，對家屬的衝擊就更大了。**想走出衝擊，需要有個健康的環境支持他們**，而在我們的社會中，自殺至今仍是個禁忌，何況是在半世紀前呢？

我想像著，如果在我爺爺自殺後，他們的家庭與我們的社會是接納、寬容的，家屬可以正常地談論自殺，可以如實地走完哀悼、悲傷的歷程，父親或許就不會有那麼多壓抑，並帶著當年陰影活下來吧。

知道這個家族祕密後，我對父親有一份新的理解，也能用新的眼光看待他：

五十幾年前的那個少年，十一歲喪母，十七歲喪父，小小年紀就經歷兩次喪親之痛，從此成了無父無母的孤兒，他得花多大力氣，才能走到今天。

在那之後，每當父親提起「徵兆」之說，我依然不贊同，卻漸能心如古井，不起波瀾，不會想再強迫他放下「徵兆」之說。

我完完全全接納了父親。

與此同時，我也深深地體認到：**那些痛苦是父親的生命功課，不是我的，我不能越俎代庖，去幫他扛起屬於他的責任**。我能做的，是靜靜聽著他訴說內在的自責與悔恨，並接納他用他的方式去面對或不面對。

他留下的這支手錶雖舊，對我卻別具意義：除了見證我和父親的和解過程，也見證了我的成長。

**我要感謝我自己，也感謝父親給我和解的機會**，並感謝過程中曾幫助我的人。

# PART 3

# 改變自己｜自由書寫

當接納之輪開始轉動，
你的世界也隨之改變。

# 如果死的不是媽媽

從二十餘歲到四十歲，我曾和父親十八年不說話。到底是誰先不跟對方說話，早已不可考了。這十多年間，我們大多時候都同住在一個屋簷下，幾乎天天碰面，碰了面卻無動於衷，將對方視為路人、空氣，如今回想起來，真是不可思議。但對當時的我們而言，這是日常的一部分，如同吃飯、喝水般，早已習慣了。偶爾有話需要告訴對方，便透過母親轉達。

母親和我們不同，她看不慣如此扭曲的「互動」方式，曾多次勸我：「你該跟你父親和好了。」我只是顧左右而言他。或許，母親也跟父親說過類似的話：「你該跟你兒子和好了。」或許，父親也是顧左右而言他。在薩提爾模式的應對姿態中，我與父親都在打岔。

如果生命沒有發生任何突如其來的意外，我應該一輩子都不會和父親說話、和解吧。

## 與父母的關係，會從各方面影響我們的人生

二〇一四年八月二十三日中午，我在補習班上課，接到電話，得知母親發生車禍，顱內大出血，正在加護病房急救，我連忙離開，直趨醫院。到了病房外，見到父親一個人呆坐在那兒，六神無主，顯然嚇壞了，我走過去，問他母親的情況。

那是我們父子多年來第一次好好說話，在母親病危之時，想來真是諷刺呀。

母親車禍後，再也不曾醒來，二十一天後便過世了。

當年，我四十歲，父親七十歲，在失去母親這個居中傳話者之後，我們父子，終於不得不重新面對彼此了。

面對彼此是一回事，但距離和解，還很遙遠呢。

母親過世後，我曾想過：既然父母遲早都會離我而去，如果先走的不是母親，而是父親，我的人生會有何不同嗎？

這個念頭，後來也曾多次在我的自由書寫中出現。

我和母親向來親近，在我成年後猶然。三十三歲那年，失眠大規模來襲，幾

天幾夜輾轉難眠，是母親陪我去看身心科，在向醫生娓娓道來時，我的心情還算平靜，但母親在一旁早已聽得泣不成聲，甚至把桌上的面紙都用光了。我當時只感到尷尬、困窘，心想：「失眠的是我，又不是妳！」日後才明白，那是母親的愛，無能為力的愛。

父母兩人之中，如果先走的是父親，我和母親應該能愉快、順暢地相處下去吧！沒有吵架、爭執，我每天都能吃到母親做的菜，我們能一塊兒去圖書館借書（母親晚年喜歡上閱讀），一塊兒到溪頭、太魯閣、日本遊玩，一塊兒坐在客廳裡討論日劇「暴坊將軍」「旅館之嫁」的情節……

只是這樣一來，我便沒有機會與父親和解了，那或許會是我此生最大的遺憾。

母親先走，我仍有遺憾，但是沒有那麼多。相反地，我卻因此有了與父親和解的機會，讓自己的生命更完整。

這是命運的安排吧，以看似殘酷的方式，迫使我不得不去正視、修補殘缺的父子關係。

我們在其他人際關係中遇到的困難，大多可在我們與父母的關係中找到答案，因為**與父母的關係是我們最初始，也最重要的人際關係，只要沒有回頭面對，人生就可能經常卡住**，或者卡在工作中，或者卡在婚姻裡，或者卡在與孩子的相處上，甚至是卡在自己與自己的關係裡。**與父母的關係，會從各方面影響我們的人生**。

母親走後，我想好好面對父子關係，可能的話，我想修復這段殘破不堪的關係。然而，我要拿什麼修補呢？兩個十八年不說話的人，背後必有許多複雜的恩怨情仇，需要去梳理、釐清。我會的舊方法、舊工具肯定是無效的，如果有效，我和父親不會走到那個地步。我需要學習新方法，掌握新工具。

在母親車禍過世前一年的六月，我去參加薩提爾模式工作坊。當時，我根本不知道薩提爾模式是什麼，也不確定是否全程參與。工作坊共三天，第一天結束後，我不置可否，既不排斥，也談不上喜歡。第二天一早，我坐在家門口，猶豫著要不要綁鞋帶，電視正在直播NBA總冠軍賽，我也想留在家裡，為我支持的球隊加油。最終，我繫上鞋帶，繼續去參加工作坊。

第二天的工作坊結束後，**我的內在發生了好大的蛻變，強烈的寧靜與喜悅自內源源不絕湧出**，為時三天！那是此生從未有過的經驗，我從此相信，**人原來不必依賴外在事物，只需內在柔軟而強壯，便可如此美好地活著**。我的生命，從此不同了。

那天早上，我也可能不綁鞋帶，就留在家裡看比賽。我支持的那支球隊當年鎩羽而歸，隔年完美救贖。我不知道，要是我錯過後兩日的工作坊，我會和我支持的球隊一樣，有另一次蛻變的機會嗎？

這或許又是命運的另一次安排，經由學習薩提爾模式，我掌握了修補父子關係的重要工具，也為日後繼續學習靜心、自由書寫等工具奠定基礎。假設沒有那次學習，面對母親猝逝後與父親相處的變局，我恐怕難以招架，我的生命會走到哪裡去呢？真是難以想像。

**薩提爾模式、靜心與自由書寫，讓我對自己習而不察的慣性有了覺知，這份覺知十分重要，提供我改變的可能**。若無此覺知，我將無意識地延續舊有慣性，難以掙脫，想修補父子關係，也就難如登天了。

## 對方絕對沒有責任，全然為自己負責

「修補父子關係。」

這是母親過世後，我連續兩年給自己訂下的年度目標。這不是個容易的歷程。回想那兩年，每次在設定這個目標時，心中不免茫然：「還要再設定多少年呢？」

我很認真做各種內在功課，努力落實在日常生活中。到了第三年元旦，我知道目標已經達成，不必再於來年寫下這行字了。

在修復父子關係中，有句話對我影響很大。

**「對方絕對沒有責任。」**

這是奧修的話。儘管一開始，我只能在頭腦中模模糊糊地理解。慢慢地，我打從心裡懂了，原來這就是薩提爾說的「負責」——為自己的感受、期待、觀點負責。**當我可以全然為自己負責，而不是為父母負責，也不是要父母為我負責，這便是真正的長大成人。**

這也正是歐文．亞隆說的「做自己的父母」，以及薩提爾說的「第三度誕生」。

**「對方絕對沒有任何責任。試著讓這句話成為一個長存你內在的覺知，無論什麼時候，只要你發現自己又開始挑對方的毛病，記得這句話。你逮到自己再犯的時候，當場丟掉它。」**

奧修的這段話，多有力量！我很慶幸在許下「修補父子關係」這個願望的第二年暑假，能在圖書館的書架上與奧修偶然相遇。

「把它當成一句咒語記住：對方絕對沒有責任。」

我將它牢牢記住，開始為自己的人生負責。

在修補父子關係的過程中，頭腦中有個反覆出現的聲音，一直困擾我：

「如果死的不是媽媽，而是爸爸，不知道有多好。」

我討厭這個聲音，但我越討厭，它似乎就越頻繁出現。

恰好，在那期間，我學會了自由書寫這個工具。

**所謂自由書寫，簡單來說，就是隨意亂寫，想寫什麼就寫什麼。**這與我們自小受到的書寫訓練正好相反：我們被要求書寫要言之有物，要字斟句酌，要正向、陽光。這種寫法當然沒什麼問題，事實上，也很重要。但這種寫法對於探索內在會帶來一種顯而易見的影響：我們會在有意識或無意識間對自己不誠實，會層層篩選、過濾內心深處的想法，最後造成壓抑，而被壓抑的聲音不會消失，永遠存在。

自由書寫提供了一個不再壓抑的方法，你可在紙上或電腦裡暢所欲言，不必在意錯字或字跡潦草，不必在意寫得好不好，不必在意別人的眼光，也不必在意會傷害別人。

同時，**這也是一種自我接納，不必經由篩選、過濾，來欺瞞自己了**。

「如果死的不是媽媽，而是爸爸，不知道有多好。」

自由書寫時，只要出現這個想法，我便如實寫下來，坦白面對自己。這個想法出現幾次，就寫下幾次。自由書寫幾個月後，這個想法就消失無蹤了，之後迄今，只有在一種時候它會再出現：我需要在課堂上舉例時。

在自由書寫工作坊裡，我常舉這個例子，鼓舞初學者。我發現有太多人下筆時受到制約，有太多顧忌，不敢放開來寫。我的經驗談往往能讓不少人鬆一口氣，願意敞開自己，進入內在深處。

## 練習10 第一次練習自由書寫：我現在感覺……

現在，你不妨就來試試，以「我現在感覺」爲開頭，訂個鬧鐘，隨意寫個十五分鐘。下筆時，想到什麼就寫什麼，完全不需要考慮有沒有離題，是不是結構嚴謹、前後呼應。都不用。

寫完後，感覺一下身體與內在的感受。

# 快樂與平靜的祕密

父親住進養護中心前，有陣子精神狀態不佳，我帶他去看身心科，候診時，聽到兩個女子對話。

「妳看得出來我有病嗎？」較年輕的女子有氣無力地問：「妳覺得我得了什麼病？」

「看不出來。」坐在輪椅上的老婦人張開乾癟的嘴巴問著：「妳怎麼了？」

「我心情不好。」年輕女子嘆了口氣。「老是生氣。」

老婦人聽了女子的話，立刻開導她：

「心情放輕鬆，不要和人計較，事情來了，別往心裡去，人就快樂了……」

我聽了，心想：如果這麼容易，世界上大概就不會有不快樂的人了。就連以灑脫著稱的陶淵明，都曾寫過這樣的詩句：

「憶我少壯時，無樂自欣豫。猛志逸四海，騫翮思遠翥。荏苒歲月頹，此心稍已去。值歡無復娛，每每多憂慮……」

陶淵明說，「少壯時」的自己，並不需要特別做什麼快樂的事，就能感到快樂。可是很奇怪，年紀漸長，就算遇到快樂的事，他也不一定快樂得起來。

陶淵明所說的「無樂自欣豫」，在小孩身上特別容易觀察到，小孩不僅容易感到快樂，也常能將快樂傳遞給周遭的人，難怪許多人喜歡跟小孩在一起。

那麼，**是什麼原因，讓原本在小時候快樂的人，長大後變得不快樂呢？有沒有可能在不快樂後，重新找回快樂呢？**

## 從生命經驗中尋找體驗，成爲現實生活的資源

在「生命故事寫作課」上，我常請學員在十五分鐘內，寫一份「快樂清單」：

「從小至今，哪些人、事、物或時刻會讓你感到快樂？」

這份清單，我通常會搭配「平靜清單」，讓學員另外書寫：

「從小至今，哪些人、事、物或時刻會讓你感到平靜？」

（包括我在內）無不驚訝，原來自己在生命中，曾有那麼多的快樂與平靜。學員的答案，往往令我大開眼界。有個大男生說，他喜歡打棒球，接滾地球讓他快樂，接外野高飛球讓他平靜。這樣的說法，我第一次聽到，好奇地追問，方知真正讓他感到平靜的，不僅是接高飛球本身，也包括目睹小白球飛行在天際時劃過的弧線。

另一個女孩分享她的「快樂清單」，其中有一項是：

**「沒有事需要完成。」**

這可能是我聽過最好的答案，我認為她在無意中，說出了生命的真諦：沒有事需要完成。

「妳上一次沒有事需要完成，是什麼時候呢？」

沉思半晌，女孩說，她忘了。從她的眼神中，我彷彿看到了失落與惆悵。

有意思的是，「沒有事需要完成」讓這個年輕女孩感到快樂，卻讓另一個小女生感到平靜。她是我一個朋友的女兒，有次，在朋友的陪同下，她帶著心事，來找我對話。

小女生告訴我，高三的課業壓力太大了，她覺得很累。

我請她多說一些細節，而後問她：

「妳想從今天的對話中得到什麼？」

「平靜。」

「平靜的意思是？」

「可以少一點焦慮吧，我現在太焦慮了。」

「從小到大，妳有過讓妳印象深刻的平靜經驗嗎？」

「我好像沒想過這個問題呢。」小女生愣住了。

「妳願意想一下嗎？」

小女生認真地回想，媽媽在一旁緊張看著。

幾分鐘後，小女生說話了：

「我想到了，在小五升小六的的暑假。」

「哦，當時發生什麼事了？」

「當時，我們全家到日本玩，那一趟旅行，我覺得很平靜。」

「可以多描述一些嗎？那趟旅行的哪些部分，讓妳感到平靜？」

小女生表示，小五的最後一次段考，她考得很不錯，爸媽為了犒賞她，不僅破例讓她不必在暑假繼續補習，且安排一趟日本旅行。

「所以，是什麼原因，讓妳當時能感到平靜？是到日本的哪裡玩嗎？還是旅程的哪個部分？」

女孩搖搖頭：「都不是。事實上，我已經忘記那次到底去日本的哪些地方玩了。」

媽媽在一旁聽了，露出驚訝的表情。

「真正讓我感到平靜的，其實是……沒有什麼事需要完成的那種感覺。」女孩說。

「沒有什麼事需要完成？妳可以多說一些嗎？」

女孩怯生生地看看媽媽，而後，深嘆一口氣：

「從小，爸媽就幫我安排各種活動，安親班、才藝班，寒假有冬令營，暑假有夏令營，我好像永遠有做不完的事。」

女孩說到這裡，眼眶有些濕了。我看了看一旁的媽媽，她的眼眶也濕了。

「那年暑假去日本，是我唯一一次不必補習，不必參加夏令營，我第一次感覺到：沒有什麼事需要完成。在日本，每天就是放鬆又放空，那種感覺好平靜呀……我真懷念那時候。」

「妳還記得當時的感覺嗎？」

女孩點點頭。

我邀請女孩閉上眼睛，回想更多當時的細節與感覺，而後，深吸幾口氣，將那種平靜的感覺吸進身體；吐氣時，將身上的壓力、焦慮吐出去。反覆做個幾次，再請她張開雙眼，說說此刻的感覺。

「平靜多了，好奇怪，焦慮也少了很多。」

我請女孩記得這個方法，回家後若有需要，可使用這個方法，重新找回平靜的感覺。**我在女孩身上運用的對話方式，是從她的生命經驗中尋找平靜的體驗，那可以成為她在現實生活中的重要資源。**

事實上，我們每個人都有這樣的資源，無論你想要的是平靜、快樂等等，你都可以在過去的生命經驗中找到。有些快樂與平靜可能回不來了，但有些還是可以重現在你目前的生活裡。

## 練習11 「快樂」「平靜」清單＋自由書寫

這一篇想邀請你結合「清單」與「自由書寫」，好好探索並找回你的快樂與平靜。方法如下：

**一、問自己一個問題：「從小至今，哪些人、事、物或時刻會讓我感到快樂？」**而後，用十五分鐘，列一份「快樂清單」。下筆時，盡可能不加思索、簡單具體，想到什麼就寫什麼。

之所以需要不加思索，是爲了挖掘出被你壓抑或遺忘在潛意識的記憶，思考會妨礙這個過程。而所謂「簡單具體」，舉例來說，不要寫「美食」（雖然簡單，但是太空泛），要寫「巷口的肉羹麵線」；不要寫「音樂」，要寫「張學友的吻別」。寫得越具體，會越有體驗性。

**二、寫完後，重看一次「快樂清單」，找出你現在還能去做的項目。**

**三、以「快樂對我而言」開頭，自由書寫十五分鐘。**

**四、問自己一個問題：「從小至今，哪些人、事、物或時刻會讓我感到平靜？」**而後，用十五分鐘，列一份「平靜清單」。下筆時，同樣地盡可能不加思索、簡單具體，想到什麼就寫什麼。

**五、寫完後，重看一次「平靜清單」，找出你現在還能去做的項目，**並比較與「快樂清單」的異同。

**六、以「平靜對我而言」開頭，自由書寫十五分鐘。**

# 失去母親，讓我直視死亡

媽回得來嗎？

她剛辦借書證，借回來的七本書裡，有四本是她自己要看的。你要說巧合也可，她剛看完第一本，叫《最後的告別》。

如果她能回來，我還要帶她去借書，她才去借一次而已。她近來忽然很想讀書，求知若渴，還主動要我幫她找其他作家的書，我還沒找給她呢。

如果她能回來，我不僅要帶她去文化中心借書，還要帶她去清大圖書館，隨便她借，隨便她看。她才剛染上讀書的癮而已，一定還沒看夠。我自己也還有好多書可以借她看。

如果她能回來，但是無法看書了，我要念書給她聽，念她最喜歡的《流離的王妃》，以及次喜歡的琦君給她聽。

我沒想到自己會這麼悲傷，會淚流滿面。

重新走一次她走過的那條路，這次出事後我第一次感到深深的悲傷。彷彿可以看到她從診所走出，騎上機車，像往常一樣，要回家。誰知道她沒回來了。機車停在騎樓裡。

白天，我覺得沒什麼，會沉重，會痛苦，會悲傷。但入夜後我哭了，除了悲傷、痛苦，還加上孤單。

回家後，深深的孤單出現了，關上燈，痛哭一場後，坐在床上，覺得很孤單。**我和母親是很親密的，在心靈上非常親密。失去她，我的心破了一個大洞。**

沒有她的家，沒有了生氣，沒有了活力，但彷彿四處仍有她的影子，其實並沒有，這就是孤單的由來。真正的孤單是心靈的孤單，這個家不再是那個家了，只是一棟屋子，鋼筋水泥隔間的房子。以前有過這種感覺嗎？有。當爸或媽住院的那幾個晚上，家不成家，冷冷落落的，你知道他們回來的機會很大，但孤單的感覺還是有。更何況，這次媽可能真的不回來呢……

**媽是這個家的支柱，或甚至是我們的習慣，我們依賴她而存活。**

她一直是我和爸之間的隔音牆，如今牆倒了，我得和爸面對面甚至硬碰硬了，我們無法逃避，只能走出自己的路來。

聽到父親問：「你看你媽媽會不會醒過來？」我又忍不住哭了。

以上這些文字，是我在母親車禍當晚寫下的，我邊寫邊哭。

## 如果死亡也不能吵醒你

母親終究沒再醒過來，十多天後，我和父親、妹妹達成共識，讓母親拔管。這是個不容易的決定，但我們當時都認為，這個決定對母親、對我們都好，母親可以不再受苦，而我們也可以不再躊躇著無底洞般的醫療費用。

決定拔管後，我們留下三天的緩衝時間，讓親朋好友可來見她最後一面，我們自己也可跟她好好告別。在母親人生的最後三天，我仍舊天天去看她，手邊還帶著托勒《修練當下的力量》。會帶著這本書，是因為當時我有一種感覺：母親雖然昏迷不醒，但這可能是她這輩子最清醒的時候。

**「如果連死亡也不能吵醒你，什麼才能叫醒你呢？」**

奧修的這句話，我好喜歡。只是，我當時還不認識奧修，只認識托勒，我每天帶著《修練當下的力量》，去唸書中的段落給母親聽。

我覺得她聽得懂，比當時的我都還懂，因為迫近的死亡將她吵醒了，而接觸一年托勒的我，尚在半夢半醒之間。如果有「死亡品質」這件事，我在她臨終前這樣做，或許有助於提升她的「死亡品質」吧？

畢竟，拔管在即，母親已經沒有「未來」了，「過去」對她也毫無意義，她擁有的只有「當下」。此刻，她遠比我更能理解「當下的力量」，她肯定聽得懂。反倒是像我這種**表面上活著的人，徒有呼吸和心跳，卻整天以昏睡的方式生活著，不斷錯過當下，錯過生命**。

事後回想，我當時不只是唸托勒給母親聽，其實也是在唸給我自己聽。

在母親離開之前，我經歷過外公、外婆的死亡，但那兩次都未帶給我任何轉化。**母親的離去，讓我直視死亡**，不僅在過程中全然面對悲傷與痛苦，更於事後經由各種練習，深入死亡，親近死亡，我對生命從此有了很不一樣的看法。

母親走後一陣子，我幾乎每天夢到她，夢境大同小異，都是她病癒歸來。

有一場夢比較特別：親戚來家裡，見到母親還活著，他們都嚇壞了，我卻不斷向他們解釋：「我媽她沒有死，只是生了一場病而已，她現在好了。」這樣的夢境，持續了一、兩個月才結束，這或許意味著，我已逐漸接受她離開的這個事實吧。

日後，我很少再夢到母親，印象中只有兩次。一次在她離開五年後的某個早晨，我在有著她的夢中醒來。夢中，她康健如昔，而我也沒有一絲懷疑。醒來後，看看時間，看看日期，大約就是當初決定拔管的日子，這是我會夢到她的原因嗎？

再有一次，是在她走後八年。夢裡，我還住在老家，院子裡傳來熟悉的機車聲，以及有些陌生的腳步聲。

是母親病癒歸來了。

母親走進家門，像沒發生過什麼事般，我則激動不已，跑過去抱住她，喊著：「媽，妳回來了！歡迎妳回來。」她被我抱著有些莫名所以。

而後，就醒過來了，淚水不斷在臉頰流淌。

或許在潛意識裡，我始終希望母親只是生了一場病而已。

這些年，我很少夢到她了，對她的思念卻不曾減少，**每次思念，我都視為療傷止痛的機會，不去逃避**。

有一次，我去上瑜伽課，在課堂最後的大休息時，我逐一去感受全身痠痛，竟驀地想起母親。

我想起當年在長期失業期間，她對我的全然接納，沒有指責、說教、催促，就只是接納我的狀態，我們甚至還一起在家中玩 Wii——說來可笑，我身上後來的部分痠痛，就是那時貪玩造成的。

我也想起了是母親帶我接觸瑜伽的，雖然只有短短半年，但已讓我略嚐瑜伽帶來的好處，日後才能持續去上課。

想到這裡，內在有悲傷、懷念和感恩湧上，我讓自己專注體驗這些感受，不去逃避。

## 死亡，是珍貴而豐富的人生禮物

母親走後，她的骨灰安置在山上。山不高，路很陡，每年清明與中元，我都會去看她，格外想念時，也會去。

上山，是為了跟母親說說話。有時，是向她報告我和父親的近況。有時，是訴說我的思念。有時，是向她表達感恩。我最常跟她說的是：

媽，我很愛妳，也想念妳，很高興這輩子當妳的兒子，能從妳身上得到那麼多愛與接納。

**妳的離開，對我是一大打擊，也是人生的轉捩點。在那之後，我開始學習愛自己、接納自己。**

這條路並不好走，但我很幸運，也很努力，不間斷地將所學落實在生活中。

母親辭世後的第三個清明，我發現我的內在已不同往年了。往年上山，心裡是沉重的，有無數石塊堆積胸口，除了悲傷，應該還有其他情緒，但一直沒能找出那是什麼。

這年上山，很輕鬆，沉重感幾乎消失了，我反而因此意識到過往在悲傷之外的另一種情緒——愧疚。

母親車禍後，再也不曾醒來，她聽得到我說的話嗎？我不知道，但我還是在她臨終前許下了幾個承諾，其中一個是：**好好照顧父親，並與父親和解**。

第一個清明到來時，我與父親常吵得不可開交，當時哪看得出和解的可能？第二個清明到來時，我和妹妹、親戚剛送在家中倒下的父親去養護中心，父親一直嚷著要回家，我和他的關係也仍緊繃著。

我一直沒有兌現對母親的承諾。

難怪，之前兩年去看母親時，我的心裡是沉重的，原來是悲傷混雜著愧疚。在那當下，悲傷可能更多一些吧，因此暫時遮蔽了愧疚。

這年清明，我已與父親和解，他在養護中心也安定下來，我每一、兩週去看他一次，每次都能感受到愛與自由在彼此之間美好地流動。有多少人在這個艱難的議題上，能做得這麼好呢？我兌現了當初對母親的承諾，不再愧疚。

離開前，我伸手輕撫母親冰冷的塔位，向她道別，一股悲傷忽然湧出，腦中浮現的畫面是：母親車禍後，我每天到加護病房看她，臨走前，總要摸摸她冰冷的手。

悲傷湧現後，我在塔位前多待一會兒，允許自己悲傷，也允許悲傷在身體中多流動片刻。前兩年的清明與中元，我也是這樣做的，當時的悲傷多一些，我遂讓它們流動得久一點。**唯有讓情緒健康、自由地流動，它們才不會凍結在身體裡**，這是我的悲傷能越來越少的主因吧。

母親給予我的東西實在太多，每次上山，我都能感受到自己又有了一些改變。

媽，感謝妳，讓我深入死亡與生命。感謝妳，讓我轉過身來，和父親和解。感謝妳，讓我真的獨立、長大了。感謝妳，讓我不只學會把自己照顧好，也開始有能力幫助別人把他們自己照顧好。

**死亡真是個奇怪的東西，如果願意面對、深入它，它會成為一份珍貴而豐富的禮物**。我從母親的死亡裡，真切領受到了這份貴重的禮物。

## 練習12 自由書寫：爸媽，我想問你……

這一篇要分享給大家的練習，是藉由清單與自由書寫，去處理你與父母之間的議題。作法如下：

**一、先寫一份清單，條列你想問爸、媽的問題。**清單上可以只問爸爸或媽媽，也可以問兩人。

寫這份清單的目的，不是爲了從他們口中得到答案，而是深入我們自己的內在，去釐清我們與父母的各種糾結。

下筆時，想到什麼就寫什麼，無須考慮問題是否合理。

如果是我來寫這份清單，會這樣寫：

1. 媽，妳在天堂好嗎？
2. 媽，當初我們拔管的決定是對的嗎？妳會責怪我們嗎？

3. 媽，妳想要海葬，我們卻將妳放在靈骨塔，妳會怪我們嗎？

4. 媽，妳會怪我把老爸送到養護中心嗎？

5. 媽，死後的世界到底是什麼樣子？

**二、憑著直覺，從清單中任選一句，自由書寫十五分鐘。**當然，如果你想寫得更久，也可以。

**三、寫完後，將全篇唸出來。**

# 失意的博士，兩難的困境

考上博班後，我用四年時間，在二〇〇八年九月拿到博士學位。當時信心滿滿，認為自己一定可以在半年內，甚至在更短的時間內，就找到一份大學的專任工作。半年過去了，一年過去了，投了無數履歷，還是沒有任何下文，我開始有些慌張、困惑，也對自己越來越沒信心。

此時，有一所國立大學通知我，說我已通過初審，他們想請我去面試。我聽了很高興，因為只要通過面試，就可以成為專任助理教授，展開我的新人生。

這是個千載難逢的機會，一定要把握住，不能錯過了。我當時不斷對自己這樣說，卻也因此變得患得患失，開始感到焦慮。

面試前一天晚上，我遇到一個兩難困境：要不要吃安眠藥？

## 自作主張，錯失千載難逢的機會

當時，我已吃了兩年多的安眠藥，不吃睡不著，吃了會有副作用：隔天精神欠佳。這次要面試，我可不能精神不好，但也不能前一晚失眠呀！

到底該吃還是不吃呢？我好猶豫。

如果是你，你會怎麼選擇？

最後，我選擇吃安眠藥，但是只吃一半。

看起來是個很聰明的決定，然而，這個自作主張，最後帶來大災難。醫生規定我吃多少藥，一定有他的道理，我自作聰明，只吃一半，結果當天夜裡反而睡不著，這讓我更焦慮了，而越焦慮就越睡不著，成了惡性循環。漫漫長夜，時間一分一秒過去，我始終無法闔上眼睛。怎麼辦？怎麼辦？

此時，我遇到第二個兩難困境：是該起來，再把剩下的那一半吃下嗎？還是繼續這樣，一夜無眠？

我又猶豫了好一會兒。

如果是你，會怎麼選擇？會把另一半的藥也吃下去嗎？

我的選擇是：起床吃下了另一半的藥。

結果，弄巧成拙，吃了藥，仍然徹夜難眠。

隔天早上醒來，不，我根本沒睡著，哪有醒不醒來的問題？早上起床，我的頭腦比平常更昏沉了。

帶著這麼差的狀態去面試，可想而知，過程很不理想。口試委員問的每個問題，我皆有回答，卻語無倫次，不知所云。口試一結束，離開現場，我就知道不妙，但還懷抱著一線生機，因為當天只有兩人面試，我還是有一半的機率，只要另一個人表現得比我還不好，我就被錄取了。

帶著忐忑不安的心情回家，一踏進家門，就接到那所大學的電話，他們告知我沒被錄取。

所以，另外一位應試者被錄取了嗎？

沒有，學校決定從缺。

從缺這個結果更令我痛苦，因為它意味著：另一個人表現得也不好，至少沒有比我好，我只要表現得好一些些就被錄取了，是我自己搞砸了這個千載難逢的機會。

掛掉電話，我痛哭一場，眼淚中有好多情緒：後悔、懊惱、生氣、難過、失望、悲傷、失落等等，我好自責，不斷咒罵自己。

陶淵明有一首〈擬古詩〉，很能反映我當時的心情：

「種桑長江邊，三年望當採。枝條始欲茂，忽值山河改。柯葉自摧折，根株浮滄海。春蠶既無食，寒衣欲誰待？本不植高原，今日復何悔！」

詩的最後是說：誰叫我當年不把桑樹種在山上，而要種在江邊呢？現在可好，桑樹全都被洪水沖走了，我自作自受，又有什麼好後悔的？

詩的字面上好像說不後悔，心裡其實後悔死了。

我當時也是。誰叫我要自作聰明、自作主張、自以為是，不好好吃藥，結果一夜未眠，反而影響隔天面試，斷送了大好機會，懊悔莫及。而且最難堪的是，我還不能怪別人，只能怪自己。千錯萬錯，都是自己的錯！這樣的心情，實在複雜。

兩年後，一位比我晚畢業的朋友進了那所學校，他得到的那個職缺，正是我本來可以得到的位子。身為他的朋友，我很想恭喜他、祝福他，替他開心，但是，我百感交集。

這已經是多年前的往事了。如今，我早已離開學術圈，從事其他工作，過得也很不錯。坦白說，如果當年得到那個職位，很可能就不會有日後這些機緣了。我的失眠與胃食道逆流會痊癒嗎？我和父親會和解嗎？我的內在會有更多的平靜、喜悅與自由嗎？說真的，我不知道。

當年，那真的看起來是千載難逢的機會，一旦錯過，就不會再有了。可是現在看來，我日後其實還是有各式各樣的機會，包括轉行的機會。把時間拉長一點看，**當年那次其實不是什麼千載難逢的機會，而只是一次還不錯的機會而已**。

是的，我當年的確錯過了一次還不錯的機會，然而我也在日後得到其他機會，一得一失之間，是失去的比較多？還是得到的比較多？有時候，實在很難估量。

## 接納自己有時無法做出判斷

錯過那次機會後大約一年，我迎來了另一次機會。

一所我投過履歷的私立大學打來電話，要我幾天後去面試。

我很高興。雖然那個學校很小，也默默無名，但當時我心裡想著：先求有，再求好，去試試看吧，先能進入體制內再說。

那所大學山高水遠，我搭了兩個小時的自強號火車，再轉搭半小時的區間火車，再搭二十分鐘的計程車，才到那所學校，加上中間等車的時間，去一趟要三小時，來回就要六小時。

好不容易來到學校，我在校門口徘徊，先熟悉附近的環境：周遭有青山大海，自然環境很不錯呢。再走到校門口，跟學校的人介紹我自己，以及我來的目的。只見他們愣了一下，低頭翻了翻資料，打了一通電話，然後抬起頭來，冷冷地回了一句話：

「應該是我們跟你講錯時間了，是明天才對，你明天再來吧。」

我聽了，為之一愣——就這樣子？弄錯時間了，卻沒有道歉？沒有其他的表示？就只是叫我明天再來？

只見他們繼續做自己的事，不再搭理我。我恍神了好一會兒，才回過神來，叫了一輛計程車，花了二十分鐘，回到火車站，再坐半小時的區間車，以及兩小時的自強號，回到家裡。

回程中，我有好多情緒，但我當年對自己的情緒並不了解。如今回想，我當時有生氣、難過、失望、錯愕等等，最多的應該是受傷。

我好受傷，覺得很不受到尊重。

回家後，久久無法釋懷，陷入了一個兩難困境：

明天，我還要去嗎？

如果是你，隔天還願意千里迢迢去面試嗎？

做這個決定的當下，我如何確定自己做的是一個「正確」的，而不是「錯誤」的決定？

這大概也是許多人在做決定時會遇到的挑戰：**希望當下就能知道這個決定是**

**對是錯，偏偏沒有人能給我們肯定、確切的答案。**

二〇一四年八月，我媽媽出了嚴重車禍，再也沒有醒過來，我和爸爸與妹妹共同做了一個決定：拔管。這個決定，我至今都無法知道是對是錯。

有些決定是可以知道對錯，只不過那要等到很久以後。在決定當下，一切都晦暗不明。

多年之後，我問了許多朋友，如果遇到這件事的是他們，隔天還會去那所學校面試嗎？有些朋友說會，有些說不會。

我當時很想不去，因為嚥不下那口氣。但是，萬一這不僅是個千載難逢的機會，也是最後一次機會，以後再也不會有大學找我去面試了，我就這樣錯過，會不會後悔一輩子？

還是，我咬一咬牙，隔天再去一趟？

但是，我實在覺得很屈辱呀。

就這樣，去，不去，去，不去，我一直搖擺著，猶豫不決。

隔天早上醒來，我必須做最後的決定。如果要去，我得趕快去搭火車了。

最終，我選擇不去，但我實在毫無把握自己做的是正確的決定。幾個小時後，面試時間到了，我一個人躺在家中床上，悵然若失，心想：唉，又錯失一次大好機會了。

不久，手機響了，看號碼，應該是那所學校打來的。

我沒有接。我聽著手機鈴聲持續響著，直到結束。

如果是你，你會接嗎？如果接了，你會如何回應他們？

沒多久，他們又打來了。

這一次，你會接嗎？

我還是沒有接，但我也沒有離開，只是躺在床上，待在手機旁邊，一邊聽著手機鈴聲，一邊默默流淚。

我真的不知道，這個決定是對是錯？我很害怕，這次決定會不會對我的人生造成致命影響？以後要如何彌補？或者說：還會有彌補的機會嗎？

那所學校大概打了七、八通電話，我一通都沒有接。

那年暑假，我進一步決定，再也不找大學的專任工作。我放棄了。我以前就是個很容易放棄的人，要做出這個決定並不難。

這個決定是對是錯呢？我不知道。未來要怎麼辦？人生的路還長，要怎麼走下去？我也不知道。

十多年之後再回頭看，當初的決定似乎是對的，但也只是「似乎」，至少不會是錯的。

有沒有一種可能：我們在人生中做出的某些決定，其實沒有所謂的對與錯，哪怕時間拉長了，對錯的界線仍然很模糊。

**人的頭腦對於「對錯」有一種近乎執著的癡迷，如果能跳脫二分法，或許就能用更豐富的眼光，來看待這輩子所發生的事。**例如：我雖然不知道那個決定是對是錯，但我體驗到了某些人生的況味。

**「我們是來這個世界上體驗的，不是來逃避的。」**

這是薩古魯講過的一句話，我非常喜歡。

既然如此，何妨去**接納自己有時無法判斷什麼是正確的決定，轉而去體驗，甚至去享受我們做出的決定吧**。

## 練習13 自由書寫：如果不必害怕失敗

一、以「如果不必害怕失敗，我會立刻」作爲開頭，自由書寫十五分鐘，好好享受這個過程。

二、寫完後，唸出來，去感覺唸與寫的不同，也去感受內在。

# 接納自己的無法接納

幾年前，我和學長李崇建到馬來西亞演講、帶工作坊，其中有一場是在檳城的檀香寺演講，我們事前達成共識，他先講四十分鐘，後面的八十分鐘我來講。

檀香寺古樸肅穆，我演講多年，第一次在這麼大的寺院。當天來了數百人，絕大多數是家長、老師，也有一些孩子。孩子是家長帶來的，有些家長希望孩子也能來聽聽，有些年幼的孩子在家無人照顧，爸媽因此將他們帶到現場。

演講開始後，有些孩子仍在現場走動、嬉鬧，他們的父母顯然有些焦慮，不時提醒孩子：「安靜一點，不要再講話了。」「坐好，不要亂跑。」崇建聽到了，便停下演講，告訴那些家長：

「沒有關係，就讓孩子講話、走動吧，我很接納。你們能在百忙之中來聽講，很不容易。」

接著，崇建繼續講他的，四十分鐘下來，絲毫未受影響，我見了，大為佩服。這樣的場景，我亦曾見。

## 頭腦與心背道而馳，無法眞正接納

那是二〇一三年暑假，我到崇建的作文班觀課。新的學年開始，小六班上陸續湧進新生，有個小男生特別引人注目：他的身體不斷抽動，口中不時發出「哦」的聲音。當時，我尚不知這就是妥瑞氏症。

上課時間到了，崇建走進教室，以和緩、平靜的語氣，對全班的孩子說：「各位同學，我們班上來了一位新同學，他會發生聲音，但他不是故意的。你們有看過《叫我第一名》這部電影嗎？我們的新同學，就是電影中描述的那種情形，我希望你們可以接納他。如果過了三堂課，你還是很難接納，可以來找我，我們一起討論看看，有沒有什麼方法？」

我從未見過有人這樣說話，可以對人如此接納，因此印象深刻。

多年後，在檀香寺又見到崇建對人的接納，我的心中讚嘆不已。輪到我上場演講時，那些孩子仍然在走動、玩耍，我亦未阻止他們，繼續講我的。過了沒多久，我便發現我受到嚴重影響，無法像崇建那樣好好講，雖然還是完成八十分鐘的演講了，但我自認講得不好，頗失水準，感到很沮喪。

演講結束後，與當地朋友一起用餐，每個人都愉快地閒話家常、享用美食，唯獨我心裡卡卡的，頗不舒服。

我到底怎麼了？

回到飯店房間後，花了一些時間探索內在，才發現：原來我沒有接納自己。

原來，看到崇建能接納現場孩子，我竟然無意識在心中告訴自己：「我也要接納孩子。」

我渾然忘了，**「接納」是一種發自內心的自然狀態，並不是一種知識、理論或規條**。面對孩子的喧鬧，我的內在其實是不接納的，但我並未覺察自己不接納，只是在頭腦裡一廂情願認為：「我應該要接納孩子。」進而強迫自己接納孩子。這是一種暴力，對自己的暴力，於是造成內在衝突，這便是我心裡卡住的原因。

在那種情況下，**除非我能接納自己，否則我是無法接納他人的。而接納自己，自然也包括接納自己的無法接納**。也就是說：我能接納自己無法接納孩子的走動、喧鬧嗎？如果不能，我便是在對抗自己，那只會為自己帶來更多的內在痛苦。反應在那天的演講上，我因此講得很糟，無法表現平常的水準。

這類情形在生活中很常見：**心裡明明放不下，卻努力用頭腦（理性）強迫自己放下。心裡其實無法原諒，卻努力用頭腦要自己原諒。頭腦與心背道而馳，這是無法真正放下與原諒的**。

放下的第一步，是接納自己的無法放下。原諒的第一步，是接納自己的無法原諒。同樣的道理，倘若能接納自己的無法接納，不僅能停止製造新的無法接納，亦是接納的開始。

## 接納自己的無法接納，是對自己最深的慈悲

回到那次演講，面對自己對孩子走動、喧鬧的無法接納，我可以這樣做：先接納自己的無法接納，接納自己無法像崇建那樣接納孩子。崇建能接納孩子的喧鬧，那是他的境界，我不必東施效顰，畫虎不成反類犬。我可以做的，是先接納自己此刻的狀態。

有了這番領悟後，我做了一個新決定：日後演講，若是有人喧鬧，影響到我，我可以停下來，先深呼吸幾次，再請對方安靜下來。

做出這個決定後，我的內在衝突消失了，心裡也不再卡卡的了，這便是接納自己的無法接納所帶來的結果。

檀香寺演講過後幾天，我在馬來西亞另一座大城新山有一場大型講座，當天也會有大人與孩子參加，我已準備好要將新領悟與新決定用在講座上了。出乎意料的是，那場講座的大人與孩子都很安靜、專注，沒有影響到我，我的新領悟與

新決定沒有派上用場。

倒是回到台灣後，有少數幾場演講出現嘈雜的情況，而且都發生在學校的教師研習裡。

我去過數百所學校帶過教師研習，這種情形非常罕見，較常遇到的是：老師們帶著一疊作業或考卷，到研習場地批改。我猜想，是過往的經驗告訴他們，教師研習的講者通常講得很無聊，他們不想浪費時間聽一場乏味的演講。

我一般不會阻止老師們改作業與閱卷，因為他們此舉並未影響我演講。相反地，我的演講反而會影響他們，他們往往會陸續放下作業與考卷，抬起頭來，專注聽我講——他們被我講的內容吸引了。

我可以接納老師們在聽講時改作業與閱卷，但很難接納他們在台下一直講話，那會打斷我的思緒，影響我說話。自馬來西亞歸來後，只要遇到這種情況，我便會停下來，深呼吸幾次，而後平靜、穩定地表達：

「老師，你講話的音量影響到我了，我很難繼續講下去，請你安靜下來。」

我學過薩提爾模式，知道如何一致性表達，我的語言、聲音並未帶著指責、討好、超理智或打岔這四種不一致的應對姿態，而那些老師聽了，通常也會立刻安靜下來。我用這種方式，度過了那極少數嘈雜紛亂的演講。

值得一提的是，邀請我去的主任或組長常會在事後告訴我，他們學校的教師研習一向如此嘈雜，並不是針對我，其他講師對此皆莫可奈何，我是第一個（敢）制止這種現象的人，他們感到不可思議。有位主任甚至說，看到我這樣做，他反而鬆了一口氣，因為他每次在台下都如坐針氈，對講師深感抱歉。

我先接納了自己的無法接納，而後做出新決定，這不僅照顧了自己，也為人際互動創造新的可能。

千萬不要將接納當成規條，強迫自己變成「應該要接納」「一定要接納」「必須要接納」「只能接納」，**先允許自己無法接納，這便是接納的開始。接納自己的無法接納，這是對自己最深的慈悲**。

如果你想接納父母，但目前還做不到，不妨先接納這樣的自己吧。

如果你想接納孩子，但目前還做不到，不妨先接納這樣的自己吧。

如果你想接納伴侶，但目前還做不到，不妨先接納這樣的自己吧。

如果你想接納自己，但目前還做不到，不妨也先接納無法接納自己的自己吧。

而後，**接納之輪會開始轉動，你的世界也隨之改變**。

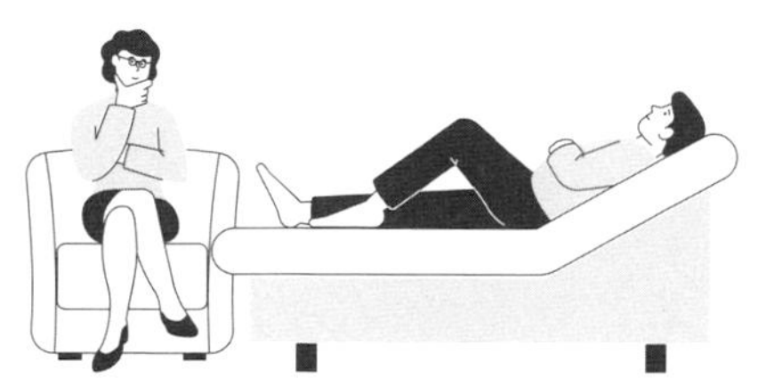

# PART 4

# 安頓自己｜回到當下

無法停止思考、難以活在當下，
正是人類痛苦的根源。

# 失眠不藥而癒，奇蹟持續中

幾年前，我到埔里演講，來接我的學校老師問我：「常來埔里嗎？」我說，不常，只有演講的時候才來，到過幾次暨南大學，以及幾所中小學。

話語方落，猛然想起數年前，曾與好友柏勛來過幾次，也是這般雲層厚重、空氣濕溽的午後，我們一塊兒上山，忍受著兇狠、飢餓的蚊子，只為尋蝶覓蟲。

那時，我對大自然的著迷更甚於對人，買了多本圖鑑，四處按圖索蝶，也參加過鳥會、蝶會的活動，暑假還到科博館觀賞野望影展，更殷勤於陽台上栽種數十種蝴蝶食草與蜜源植物。長期失業，僅靠少量兼課為生，卻意外造就了我人生一段特殊的風景。

到埔里演講當天，我出門時，隨手取了一本筆記本，搭上客運，才發現筆記本裡有幾頁二〇一三年暑假的日記，上頭寫著到科博館觀看〈解剖巨物：鯨〉〈伊拉克沼澤奇蹟〉等紀錄片，也寫著我到潭子國小參加蝶會的研習。另有幾條日記，寫下這樣的文字：

「夜八點半未吃藥，即就寢。」

「夜九點半就寢，亦未吃藥。」

「夜八點半就寢，仍未吃藥。奇蹟延續中。」

「半夜十二點即起，讀《路西法效應》，不寐，改讀《當下的力量》，旋安穩睡去，真奇書也。」

原來在這裡！記錄我失眠不藥而癒的日記，原來在這裡！在這之前，我一直找不到。

## 不再失眠，只是活在當下的副產品

念博士班期間，我開始有嚴重的睡眠障礙，不得不去身心科就診，此後長達六年多，需要服用安眠藥才能入睡。

香港的電視主持人竇文濤，曾在網路節目中展示他的幾種床頭物，其中有安眠藥，他並引述學者季羡林晚年對年輕人說的話：「我每晚吃的安眠藥，能毒死你們！」

安眠藥之毒，我曾在急診室看過：一個乾乾癟癟二十來歲的年輕人，就躺在我父親的隔壁病床上，神智不清，等著緊急洗腎。聽他老母與醫生的對話，方知他不是第一次連吞八十幾顆安眠藥自殺。他老母憔悴、無奈的模樣，看了真叫人難過。

安眠藥之毒，在我身上倒沒發生過。我吃下的安眠藥豈止八百顆？幸而不是一口氣吞下的：每天一、兩顆，連吃六年多。沒辦法，睡眠障礙嚴重時，只有這樣才能睡著。雖未引起太嚴重的副作用，我卻曾絕望地以為，大概得吃一輩子了。

二〇一三年六月，我參加薩提爾模式工作坊，學長李崇建是其中一位講師，最後一天上課，他向我們介紹艾克哈特．托勒其人其書，我回家便買來《修練當下的力量》一讀，並按照書中的方式開始日日靜心。

兩個月後的八月五日夜裡，我「忘了」吃安眠藥便睡著，隔天一早醒來，我感到困惑，因為那是六年來前所未見的事——如果沒吃藥，我肯定睡不著的。所以，這可能是個誤會吧？我猜想，我前一晚可能有吃藥，只是忘了。如果曾像我那樣長期服藥，恐怕也有這種不確定自己是否有吃藥的經驗。

「夜八點半未吃藥，即就寢。」

我在日記上寫下這幾個字，但寫得心裡不太踏實。為確認此事，第二天夜裡，我刻意不吃藥，但是把藥放在床頭，以備不時之需，沒想到又睡著了。

「夜九點半就寢，亦未吃藥。」

但我還是不相信失眠已不藥而癒，畢竟六年多來，我已在服用安眠藥這件事上，建立了根深柢固的自我認同，突然要我相信自己不需要再吃藥了，其實並不容易。

第三天夜裡，我繼續做同一個實驗，又得到同樣的結果。

「夜八點半就寢，仍未吃藥。奇蹟延續中。」

隔天醒來，我激動地在日記上寫著。

這下，我總該相信了吧？

並沒有。此後，我還是天天將藥放在床頭，幾個月過去，確定這一切都是真的，才將那些藥丟掉。從那之後至今，沒再吃過安眠藥。

所以，**我發生什麼事了？為什麼讀了《修練當下的力量》，開始練習靜心兩個月，就發生這樣的奇蹟？**

回到初次閱讀《修練當下的力量》那天，讀沒幾頁，便被這段話震懾住了：

「無法停止思考是個可怕的折磨，但我們無法意識到這點，因為所有人都在為此受苦，所以大家都以為這是理所當然的。沒完沒了的心智噪音阻止你找到那份與本體無法分離的內在定靜，也創造了由心智製造的虛假自我，投射出恐懼和苦難的陰影。」

我心頭一驚：這說的不正是我嗎？這就是我無法睡著的原因呀！我的腦袋一直喋喋不休，停不下來。夜裡，明明身體很累了，但頭腦卻一直想著明天或今天的事，想完一次又想一次，**我不是活在未來，就是活在過去，完全沒有活在當下**，難怪無法睡著呀。

**無法停止思考、難以活在當下，是人類痛苦的根源**。托勒的這個洞見猶如當頭棒喝，讓我瞬間從數十年的痛苦之中初步解脫，此後，我開始每天睡前練習他教導的靜心：「成為思考的觀察者。」也就是本篇要講的「觀念頭」。

如此持續練習兩個月，我越來越能活在當下，不再失眠的奇蹟，只是活在當下的副產品罷了。

很重要的一點是：**我在練習觀念頭時，從未想過我的失眠會好**。

如果我常想著：「只要做這個練習，我就能不失眠。」那麼，我便是活在未來，而這個練習的重點卻是「活在當下」，這也是整件事最弔詭之處。我很幸運，如果一開始就有人告訴我：「這個練習可以讓你睡著喔。」不再失眠的奇蹟反而不容易發生。

我的另一個幸運之處是：觀念頭對我而言很容易，但對其他人來說，可能很困難，不僅很難做到，也很難理解。

## 無法控制頭腦的我們

二〇一六年，我應「馬來西亞薩提爾全人發展協會」之邀，到吉隆坡帶工作坊。除了工作坊，協會另外安排一場講座，由我分享如何從失眠中走出來。講座結束後，有位六十多歲的長者前來告訴我，他已吃了四十年的安眠藥。

我問他：

「晚上躺下來睡覺時，你有在想事情嗎？」

「沒有。」

「真的沒有嗎？」

「完全沒有。」他斬釘截鐵地說。

我換個方式問他：

「睡不著時，你會想這些嗎——『唉，我怎麼會睡不著？』『到底什麼時候才能睡著？』『現在幾點了？』『明天還有許多事要做呢。』『咦，剛剛是不是忘記吃藥了？』」

他想了一下：「會。」

我說：「這就是一直在想事情呀。」

我一直深刻記得這件往事，因為那讓我發現：**要意識到自己正在無意識地思考、想事情，原來如此困難**。我能在第一次閱讀托勒的書便發現到這點，這是多麼幸運的事。

思考可分成兩大類：一種是有意識的思考，例如在腦中計算十六乘以七等於多少，或者思考某件事要如何解決。另一種是無意識的思考，也就是說，你並沒有要想那些事，但那些事會自動在你的頭腦中浮現。

相比之下，前者所占比例甚低，在大部分的時間裡，我們其實都在無意識地思考，頭腦一直喃喃自語，停不下來，但我們不一定能意識到這點。**我們一直以為我們可以控制頭腦，真相很殘酷，其實是頭腦在控制我們**。如果真能控制頭腦，照理說，只要告訴頭腦：「停，不要再想任何事情了。」頭腦應該就能安靜下來，不再思考，而事實上，我們做不到。

現在就可以做個小實驗：請下達指令，要你的頭腦停止思考。而後觀察看看，你能讓頭腦停止思考幾分鐘？

你會發現：連持續一分鐘都很難。甚至，只是短短幾秒鐘過去，頭腦又開始想東想西。這不正說明了，我們根本無法控制自己的頭腦！

如果再更細膩觀察頭腦運作的方式（這是每個人都可以做的實驗），你會發現，**你不僅無法讓頭腦停止思考，也無法控制頭腦要想什麼、不想什麼**。如果真能控制頭腦，照理說，可以很輕鬆地要求頭腦只出現「正面」念頭，永遠不要出現「負面」念頭。

但事實上，你會發現，你有好多好多的「負面」念頭，怎麼趕都趕不走。

同樣可做個簡單的實驗：請下達指定，要你的頭腦在接下來的五分鐘，都要一直想著「猴子」兩字或想著猴子的身影。而後觀察看看，你能持續想幾分鐘？中間不可間斷，不可突然不想。

你會發現：連一分鐘都很難。甚至，只是短短幾秒鐘過去，腦海中便出現其他念頭或圖像，猴子突然不見了。這不正說明了，我們根本無法控制自己的頭腦！

如果連猴子的出不出現都無法控制，我們又要如何控制正面、負面念頭出不出現呢？

這真是個殘酷的真相。

奇妙的是，**一旦打從心裡體會到這個真相，它會立刻轉化成一種恩典**。

我當年即是如此：從托勒書中意識到，原來我大多時候都處於無意識的思考。原來，這就是我痛苦的主要來源。這便是初步的覺醒，初步的解脫。

而後，我開始著手練習「觀念頭」，每天只要有空，就做這個練習。

經年累月地練習觀念頭，不只能讓人越來越活在當下，那些無意識、無法停下來的念頭也會逐漸慢下來。此外，還會擺脫對某些信念的執著。

**對信念的執著，也是人類內在痛苦的一大來源**。

我有個朋友曾胃痛多年，看過許多醫生，做過各種檢查，都檢查不出原因，但她仍然不斷看醫生，不斷做檢查，因為她堅信自己一定得了胃癌，她想找到可以證明自己信念的醫生。旁人看了，不免覺得荒謬、可笑，但其實幾乎每個人都是這樣生活的，只是每個人堅信的信念不同而已。

有的人堅信「人生很苦」「人生很難」，先下了這個結論，再到生活中收集證據，甚至創造證據，以證明人生真的很苦、很難。

有的人堅信「沒有人會愛我」，每當有人愛他，他都不相信，他的回應方式，讓對方最終離開了他，這使他更加堅信「果然沒有人會愛我」。

失眠的人則堅信：如果不趕快睡著，待會兒就會睡不著。這樣的堅信，讓他在睡覺時感到緊張，越緊張越睡不著，最後果然證明了他的堅信是對的，是真的。

**對於腦中出現的想法深信不疑，也是我們受苦的根源。**

我是在二〇一三年閱讀托勒時才意識到這點的，那對我而言亦是個石破天驚的發現。有些念頭你一看見，它就脫落了，不再影響你。但有些念頭很黏，它們是我們深信不疑的信念，早已與我們的血肉融為一體，別說要讓它們脫落了，就連要看見它們都不容易，這需要更深入的練習。

## 練習14 觀念頭

邀請你先來練習「觀念頭」，托勒在《修練當下的力量》第一章有簡單扼要的介紹：

**「盡可能經常傾聽腦袋裡的聲音，特別注意那些常常重複的思考模式**，它們就像陳年錄音帶一樣喋喋不休地在你的腦海中重複了好多年。這就是我說的『觀察那個思考者』，也就是去傾聽腦袋裡的聲音，做一個觀察的臨在。」

托勒特別提醒，練習時必須注意：

「當你聆聽那個聲音時，態度要不偏頗。也就是說，不要批判或責備你所聽到的。」

換言之，只是**中立客觀地去觀念頭、傾聽腦中的聲音，不要創造二**

**元對立（例如：好壞、對錯、美醜等等），將念頭區分爲「正面」念頭和「負面」念頭。**只需要去看著那些川流不息的念頭，讓它自由地出現，自由地離開，不壓抑，不批判，也不沉溺在念頭，那麼，頭腦自會漸漸緩慢、安靜下來，內在會體驗到越來越多的平靜。但在想要使用頭腦處理生活事務時，依然可以好好運用。

# 陪伴自己的情緒

二〇一六年二月下旬的某天早上，我自書房下樓途中，發現父親趴臥在他房間的地板上，不知已有多久時間，我連忙將他叫醒，並扛回床上，要去叫救護車時，原本意識迷離、言語不清的父親卻出聲堅持不必。

叔叔就住附近，與父親手足情深，我將叔叔請來，父親馬上同意了，唯一的條件是：救護車入巷時，要關掉警報聲。

我心裡一嘆：都什麼年紀、什麼時候了，還想著面子！

急診室是個戰場，在那之前，我陪父親去過幾次，每次都覺得很不舒服。那次前去，正好驗收平日練習的成果。我發現，不舒服還是有的，但我已能快速經由覺察，去處理這些不舒服。以往經常手忙腳亂，那次比較冷靜，在簽署各種同意書時，能一筆一劃慢慢寫。

## 父親是我這輩子最大的功課

等待住院的同時，父親在床上睡著了，我則坐在一旁，將思緒拉回當下，與此時此地的自己相處。我察覺到，我的腹部積累很多情緒，逐一核對、釐清後，發現最強烈的情緒是「擔心」——

擔心父親的病情，擔心他出院的日常照顧，擔心我那兩天的行程與課程，擔心因我的失約、停課而帶給別人困擾……

我決定**先處理擔心，先不管擔心的內容，而只是保持臨在，靜靜地和擔心帶來的情緒能量相處，去觀照、接納它們**。十多分鐘過後，腹部的不舒服便消失不見了。

父親還熟睡著，我站起身，環顧四周，打算在急診室走走看看。這時，對面床位上一個光著膀子的年輕男子虛弱地叫著，我走近他，他將手機遞給我，要我轉告女朋友他目前在哪裡。在手機裡，他女友問道：「他怎麼了？」我和年輕男子雞同鴨講片刻後，方知他腸胃炎，等著開刀，我如實將這些訊息告知她。

我接著到其他角落走走，一位老太太給了護士幾位子女的電話，出於好奇，我尾隨到櫃檯邊，聽護士講電話，老太太的所有子女都不想來，護士苦口婆心勸著。正聽著入神，一位吐著大量鮮血的老人被送進急診室，女兒在旁哭天搶地叫著。

轉了一圈回來，父親依然睡著，對面那位年輕男子的女友來了，一見面，劈頭便說：「你看你，把賺來的錢都花在看醫生了。」

那天下午，父親總算等到了病房。入住後，做了一些必要的檢查與治療，他開始感到不適應、不舒服，一直作勢要下床，我們父子遂上演「輸攻墨守」的戲碼——他是主攻的公輸般，我是主守的墨子。大戰三百回合後，我人困馬乏，護理師不得已，徵得我的同意，為父親綁上約束帶。看著父親猶在病床上激烈反抗，我知道他一定很不舒服，但是沒辦法，我只能在一旁難過、心痛地糾結著，和他一起承受他的不舒服。

到了晚上，我妹妹來了，父親瞬間冷靜下來。看著他的急遽改變，我知道，他是我這輩子最大的功課。

沒多久，天降神兵，叔叔幫我找來一位專業看護。看著看護駕輕就熟地幫父親換衣服、床單，我想到早上剛來醫院時，我是如何狼狽地要幫他換尿布——我沒有經驗，只好困窘地先在自己身上比劃一陣，最後，還是只能請醫院的護理師幫忙。

那天早上出門時，我沒想到當天能回家睡覺，我以為自己得在那裡過夜。當晚十點半，在家中床上躺平，我知道此刻只能先面對疲憊，至於複雜的情緒，隔天再來處理吧。

你可能會好奇，我是如何處理情緒的？當時，我已學了幾年的薩提爾模式和靜心，我將所學統整後，發展出幾種安頓身心的工具，「情緒清單」即是其中一種，不只在日常生活中頻繁練習，也在工作坊裡分享。

那次事件過後，幾經波折，父親住進養護中心，度過他人生的最後六年。六年期間，我是他的第一聯絡人，手機全天候開著，隨時都可能接到電話，而且經常是壞消息，尤其在半夜，被手機鈴聲驚醒後，立刻前往急診室，這是家常便飯，安頓情緒顯得格外重要。

## 安住於每個與父親相處的片刻

某天夜裡十一點半，手機響起，我一看，是安養中心打來的，心頭一驚：這種時候打來，必有大事。果然，父親發高燒要送急診，我的考驗又來了。那六年，我常要面對這類考驗。

安養中心問我：要送哪一家醫院？

會這樣詢問，與台灣整體醫療環境有關。以我父親為例，他送急診後，誰來照顧他在住院期間的生活起居呢？醫院的護理人員僅負責醫療相關事務，而這已夠她們忙的了，像我請她們幫父親包尿布這種事，是極特殊的情況，可一不可再。

照顧病人的起居，是家屬的責任，但家屬不一定有空到醫院照顧，需要尋找專業看護來代勞。找看護需要時間，加上看護人手短缺，這讓照顧病人起居的問題更加棘手。或許是這個原因，許多私立醫院皆有自聘看護，可大大減輕家屬的負擔，但床位也因此一位難求。公立醫院較有床位，但沒有看護，家屬必須自己找看護，或者親自照顧。

父親所住養護中心，與兩家醫院合作（一家公立、一家私立），所以他們每次都會問我：「要送哪一家？」

可想而知，對我較好的選擇是私立醫院，但私立醫院經常沒床位，這次也不例外，我沒有其他選擇，只能請他們送公立醫院，而我必須在半小時內趕到。

掛了電話，覺察內在，發現自己還算平靜，不似以往慌張，應是平時不斷在生活中練習、落實之故。我冷靜評估此次情況，很可能要在醫院度過這個夜晚，該帶哪些東西呢？備妥行李，我於十二點前趕到，而運載父親的救護車還沒來，我只能耐心等待。

夜涼如水，我坐在急診室外的菩提樹下，先做一會兒呼吸靜心，再做「情緒清單」——

我有生氣嗎？

停頓一會兒，默默感受內在。

有，我有生氣。

我有難過嗎？

有。

我有驚訝嗎？

沒有。

……

我按照「情緒清單」的順序，逐一核對各種情緒，如果有這種情緒，便承認它；如果沒有，並不需承認。**有情緒時，只是去承認情緒，感受情緒，不需要去思考有這個情緒的原因，這也是做這個練習時很重要的一點：放下思考，進入感受，陪伴自己的情緒**。

做完這個練習後，我稍稍回到當下，平靜下來了。

半小時過去，救護車到了，父親被送下車，看來很累，半睡半醒著。時值新冠疫情嚴峻，安養中心門禁森嚴，家屬無法入內探視，我已五十幾天沒看到父親了，沒想到是在急診室外相見。

進了急診室，有許多檢查要做，有許多表格要填，還有許多時間要等待。

在等什麼？要等多久？會等到什麼？等到之後呢？一切都不確定、不可知，我慢慢感到焦慮與煩躁，開始在急診室裡走來走去；走累了，便坐下來小睡，但其實睡不著，又起來走路。

這一等就是兩小時，急診室裡的病人越來越少，我的焦慮與煩躁越來越強烈。此刻，我又做了一次「情緒清單」。

大概因為有練習情緒清單，我的內在得到清理，接下來的某個片刻，我的腦海忽然閃過一個念頭：

**「上次能陪伴爸爸兩個小時，是在什麼時候？」**

說也奇怪，這個念頭的出現，讓我的內在瞬間安靜下來。

另一個念頭隨之浮現：

**「以後還有多少機會能陪爸爸兩小時呢？」**

看著睡夢中的父親，我的心竟然開始滿溢著幸福、珍惜與感激，開始能享受與父親共處的這個夜晚。

我逐漸意識到：我回到當下了。

之前的兩個小時，我的心一直懸在未來，而沒有活在當下，所以才會覺得自己在等待。**等待意味著：我不喜歡我已擁有的（當下），我希望得到我無法擁有的（未來）**。

回到當下後，我體驗到與父親相處的每分每秒都如此珍貴，無論父親是醒的，是睡的，或者是在半睡半醒之間的，我都感到好滿足。

黑夜過去，太陽出來了。下午兩點半，為父親辦妥住院手續後，我離開醫院。屈指一算，總共陪伴父親十四個小時。

十四個小時是什麼概念？

每次去安養中心看父親，我大約會逗留半小時。如果每週去一次，就得去二十八週，才能累積十四小時。而從昨晚到今天，我便做到了之前要用七個月才能做到的事。

我和父親曾經十八年不說話，好不容易和解了，父親卻老了，一身病痛，記憶模糊。離開醫院後，我想著：接下來的日子裡，我能做的，大概就像這次這樣，盡可能安住於每個與父親相處的片刻，那便不枉我們此生的父子緣分了吧。

## 練習15 情緒清單

「情緒清單」是我常用來安頓內在的方式，而安頓內在的第一步是：**辨識自己在當下有哪些情緒**。

我們自小被教導要壓抑、逃避情緒，因此對於情緒十分陌生，許多人甚至不知道自己在生氣；就算感覺到生氣，也很難發現自己生氣的背後可能有無力、委屈、受傷等情緒。**無法辨識情緒，就很難進一步安頓情緒**。

情緒清單的基礎用法，便是辨識情緒：事件發生後，不妨以情緒清單逐一自問——

我有生氣嗎？

我有難過嗎？

我有驚訝嗎？

我有受傷嗎？

……

**使用時，需注意以下幾點：**

一、自問的速度盡可能慢，越慢越好。每個問句之間，需停頓幾秒，甚至更久。

二、只是去感覺情緒，不要去思考情緒或事件。

三、如果有感覺到「生氣」，便告訴自己：「有，我在生氣。」或者將「生氣」兩字寫下。接著再問自己：「我有難過嗎？」依此類推。

四、如果未感覺到「生氣」，就問自己下一個問題：「我有難過嗎？」依此類推。

五、將情緒清單上的情緒自問一輪後，若有時間或意願，可再自問第二、三……輪，往往會有意外收穫。

例如，第一輪未感覺到沮喪、孤單、緊張，第二輪便從這幾種情緒問起：「我有沮喪嗎？」（停頓）「我有孤單嗎？」（停頓）「我有緊張嗎？」依此類推。你可能會發現，有些情緒在之前被壓抑或忽略了。

六、一定要自己先練習，切莫急著教孩子。我常看到大人自己很少練習，卻要孩子練習，孩子更需要的是大人的身教。

七、清單上的情緒可依照需要，自行調整。

你可能覺得清單上的某些情緒不是情緒，那就刪掉不用。你可能覺得有些情緒不在這份清單上，亦可自行補上。打造一份最適合你的情緒清單，才能帶給你最大的好處。

以上是情緒清單的基礎用法與注意事項，常做這個練習，你會對自己的情緒越來越了解。有時，光做這個練習，你會赫然發現：沒那麼多情緒了，這是健康回應情緒的方式。

我使用情緒清單多年，至今仍不斷在生活中練習。我能與父親和解，能在父親生病住院時不驚慌失措，能回應生活中各種艱難的時刻，情緒清單功不可沒。

當然，上述方法只是情緒清單的最基本用法，其他較進階的用法，需要搭配自由書寫、情緒冰山、靜心等工具，然而，對一個初學者而言，能運用上述方法不斷練習、不斷練習、不斷練習（很重要，所以要說三次），即能初嘗安頓內在的效果與好處。

**附：情緒清單**

生氣（憤怒）、難過、驚訝、受傷、煩躁、挫折、沮喪、憂鬱、孤單、尷尬、害怕（恐懼）、焦慮、不安、緊張、悲傷、自憐、自責、內疚、擔心、遺憾、懊惱、無助、無奈、無力、無聊、後悔、著急、羞愧、委屈、失落、失望、絕望、心疼、不捨、惋惜、慌張

# 兇猛的恩典

有個朋友在中學教書，她也兼任學校的行政工作，新冠疫情大爆發後，學校停課，她仍須如常到校工作。課停得突然，學生離開得匆忙，許多班級向學校借的設備來不及歸還，那陣子，她常要進入班級，取回那些設備。

每進一間教室，看到地板未掃，門窗未關，桌椅未歸位，投影的布幕未拉上，學生的物品未帶走，她的心中就會出現一種奇特的感覺——時間彷彿停止了，學生好像只是去上個體育課，待會兒就會回來。

不知道為什麼，朋友說起這段經歷的時候，我感覺很深刻，感覺內在有個地方被深深觸動，但我並不知道那是什麼。基於好奇，我請朋友再說一次。而後，我終於知道自己被觸動的是什麼了。

## 艱難時刻，亦有自由

那是二〇一四年八月二十三日早上，母親如常到診所拿藥，父親如常在家看電視，我如常去教作文，這個家的一切，都如常運作著。

近午時分，我在作文班等待著學生寫完作文，忽然接到一通陌生電話，是醫院打來的。醫生說，我的母親出了車禍，顱內大出血，性命垂危。我連忙下樓告知班主任，我需要先離開，請他代為照看學生。

說話當下，我才發現自己的牙齒與身體都在發抖，那是我此生至今最恐懼，也最受驚嚇的瞬間，從沒想過的事發生了。我全身顫抖地離開作文班，攔了一輛計程車，直趨火車站。

在計程車上，諸多情緒洶湧而來，幾乎將我淹沒。當時，我學習薩提爾模式與托勒才一年，不短也不長，幸好平日有練習，此時方能運用所學，勉強能讓自己偶爾能回到當下與平靜。

紅燈亮了，計程車在中清路與文化街口停下，我往車窗外看了一眼，路邊招牌上的「光恒診所」四字，成了我那趟車程最深刻的印象。日後每次經過那裡，看到那四個字，我總會想起那天中午的事。

來到急診室外，與嚇得六神無主的父親會合，不知能做些什麼，只能靜靜等待，那可能是我這輩子感覺最漫長的幾個小時。

傍晚時分，手術結果出來：命是救回來了，但母親仍然昏迷不醒，需要待在加護病房，我與父親拖著疲憊的身心回家。

佇立在家門前，望著屋內漆黑一片，想到那個點亮家中燈光的人不在了，我的內在突然湧起強烈的悲傷與孤單，連忙奪門而入，把自己鎖在房間，好好痛哭一場。

當天，母親只是去一趟診所，我只是去教個作文，如此尋常小事，照理說，待會兒便會各自回家，繼續如常生活。一如我的朋友在教室裡看見的：學生看起來只是去上個體育課，待會兒就會回來，繼續如常上課。

不同的是，疫情終會過去，那些學生會再回來，而我的母親，再也回不來了。

二十一天過後，她離開了這個世界。

那場車禍改變了這個家的一切，也改變了我，我陷入此生最巨大的痛苦之中。**那麼巨大的痛苦，其實也是一份誠摯的邀請，邀請我進入內在深處**。我很慶幸自己沒有錯過這份邀請，沒有浪費母親的死亡，而是**如實走入無盡深淵似的痛苦之中，最終，帶著各種珍貴禮物，從痛苦中走了出來**。

事後回想，那是一份阿迪亞香提說的**「兇猛的恩典」**，我領受了這份恩典，至今仍受用無窮。

**艱難時刻，亦有自由**。這是阿迪亞香提的另外一句話。**生命總有艱難的時刻，這是我們無從選擇的，但我們的內在永遠自由，永遠有選擇**。

面對母親的死亡，我可以選擇讓自己深陷痛苦之中，一直走不出來；也可以選擇壓抑、逃避痛苦，假裝若無其事。

而我選擇了第三條路：**走進內在，誠實面對痛苦**。

同樣地，在大疫之年，許多人都很艱難，但我們仍然有選擇：可以選擇讓自己充滿更多仇恨、埋怨，也可以選擇愛與負責。疫情期間，疫情過後，我們會成為什麼樣的人？這是我們可以決定的。

無論多麼艱難，我們永遠擁有這份自由，內在的自由。

只是，要**走進內在，誠實面對痛苦，有時並不容易，因為痛苦可能巨大到令人難以承受，也可能會猝不及防來襲**。

## 心裡的傷，身體會記住

母親過世後半年，我到作文班上課，提早進了教室，見到一個大男孩正用手機播放著音樂。乍聞旋律，忽覺一股強烈的悲傷大規模奔來，心裡詫異著：怎麼會這樣呢？這股悲傷是怎麼來的？和這支曲子有何關係？

在來不及辨識出兩者的連結之前，我感覺到自己無法接住這股強烈而莫名的悲傷，只好先向男孩說明我的難處，請他停播曲子。待悲傷稍緩，再去問他：「剛剛播的曲子是什麼？」

「綠鋼琴。」男孩說。

我驚訝極了。原來，是這張家喻戶曉的專輯呀，它的旋律歡快而溫暖，我以前也聽過，為什麼現在聽了，卻只感受到強烈的悲傷、孤單而絕望呢？

我靜靜地在腦海中搜尋記憶，一個畫面出現了：那是在加護病房外。

母親車禍後，再也沒有醒來，我每天都會到醫院看她。加護病房有規定的探訪時間，我總是提早抵達，坐在病房外的椅子上，凝望牆上的時鐘，等候著自動門的開啟。

那是醫院的貼心服務，他們總是播放著「綠鋼琴」專輯，以撫慰家屬的心靈。我一連聽了二十一天，「綠鋼琴」便與我當時悲傷、孤單、絕望的心情，有了難以脫鉤的連結。

只是，我當時並不知道會有這樣的連結，那畢竟只是人生的一段插曲，一段背景音樂。母親拔管辭世後，我便忘了。我以為我忘了。

孰不知，**身體有自己的記憶，它會以各種方式牢牢記得**，並不是我們用頭腦、信仰、理性、正向思考等方式想忘就忘得了的。

覺察到「綠鋼琴」與母親車禍的連結後，我常在身心狀態相對穩定時，藉由有意識地聆聽「綠鋼琴」，重新進入悲傷之中，一次又一次地去經驗那痛徹心扉的悲傷，也一次又一次地與悲傷同在。如果悲傷讓我想流淚，那就流淚吧，那是健康的淚水。如果悲傷讓我痛苦地想在床上打滾，那就打滾吧，那是健康的打滾。

悲傷從來都不是問題呀，只有在我們視它為問題，想方設法要壓抑、逃避，悲傷才會成為問題。當我們對悲傷是不抗拒的，也不沉溺其中，悲傷便能自由流動，來去自如，而不會卡在身心系統裡，成為日後的困擾。

一年後，我到一所小學做親職講座。去得早了，會場裡正飄盪著「綠鋼琴」的旋律，我靜靜聆聽，並未請學校停播，而是細細體驗其旋律帶給我的感受。我發現，我還是會在旋律中感到悲傷，但已所剩無幾。

這是我所學到**面對情緒最健康的方法：先走進去，才能走出來**。

如果不敢，或不願帶著對生命與身體的信任走入情緒，將會永遠卡在情緒裡，走不出來。不允許自己生氣、難過的人，將永遠卡在生氣、難過裡；認為「悲傷、失落沒有用」的人，將會永遠卡在悲傷、失落裡；覺得「後悔、懊惱不能解決問題」的人，將會永遠卡在後悔、懊惱裡。

這需要在日常生活中，一次次去面對，一次次去練習，因為**過往未曾清理完畢的情緒傷痛，總會悄然無聲地靠近我們……**

## 有意識地面對內在的傷痛

母親離開後兩年，有天傍晚，我外出用餐，回家途中，在十字路口等待綠燈，驀地一聲轟隆巨響，前方十餘公尺處發生車禍，機車騎士連車帶人摔出，後方的計程車停下。

女騎士緩緩爬起，摸著腿上的傷口，計程車司機也下車查看女騎士的情況……

眼前的綠燈亮了，我騎著車離開現場，眼眶忽然濕濡起來，內在有一股淡淡的悲傷湧上。

我有些驚訝——我並不認識那位女騎士呀。

離開現場不久，我開始意識到，我的悲傷、淚水，與母親的車禍有關。途經有機商店，我停好了車，進去看看。冰箱裡的蔬菜、水果大多已被一掃而空，我轉往其他架上，看看還有什麼可買。服務人員走上前來，向我介紹產品，我卻無心逗留，默默離開。原本還計畫到另一家超市，此時改變主意，先回家好好處理情緒。

深秋時節，才五點半，紅日已落，家中黑漆漆的，我開了燈，客廳瞬間亮了起來，情緒也逐漸明朗。原來，在悲傷之外，還有著深沉的遺憾——我遺憾在母親發生車禍當下，我無法在現場做些什麼，我看到她時，已在加護病房，她再也沒有醒來了。

當我覺察到這股遺憾的情緒，淚水冷不防地汩汩而落。

這股遺憾是我之前兩年未曾發現的，我很高興此刻看到了它，此後，它不必繼續躲藏在內在角落裡了。

此刻，我**允許自己進入悲傷與遺憾之中**，**寧靜而專注地與情緒、淚水共處**。

由於過去曾紮實走過悲傷的歷程，這次只花幾分鐘就走出來了。

這份情緒的功課，可以等待事件發生後，再被動去面對，也可以主動去迎接。母親過世後，我常有意識地回到車禍現場，去體驗內在的波濤洶湧。車禍現場在一個十字路口，旁邊就是傳統市集。

有天早上，我到這座傳統市場買水果，一位陌生的賣菜阿婆叫住了我：

「阿琴是不是你媽媽？」

我猛然一驚。

交談過後，方知她不僅認識我母親，還認識我外婆，都是過去買菜賣菜時認識的。她說，她觀察我好一陣子了，覺得我和母親長得神似，因此一問。

這讓我更吃驚了，因為很少人覺得我像媽媽。

「很久沒看到你媽媽了，她怎麼都沒出來買菜呢？」阿婆問。

「妳不知道她的事嗎？」

「她怎麼了？」

我指著五十公尺外的十字路口，告訴她兩年多前發生在這兒的死亡車禍。她聽了，不免一陣悲傷與嘆息。

我想，這附近的許多小販，應該都認識我母親吧。多年前，母親剛動完腰椎手術，行動不便，我曾陪她到這附近採買，她在不少攤位前都要駐足良久，不是為了殺價，而是聊天，難怪她喜歡來市集呀。

母親猝逝後，這個市集並未因她的離開而稍減繁華，依然日出而聚，日中而散。而我也因飲食習慣的改變，以及想有意識地面對內在的傷痛，而開始日日造訪這裡。

在我踩過的足跡裡，應有不少和她當年重疊的吧。我想像著她當年步履這幾條街道時的心情，是否與我此刻近似呢？

或許，她也曾在這兒遇見一個小販，那小販也問她：「阿梅是不是妳媽媽？」兩人遂一同談著我外婆的往事，一陣悲傷一陣嘆息的。

## 練習16 觀感受

感受有兩大類，一類是心理感受，也就是情緒，一類是身體感受，這兩大類感受息息相關。

先來做一個簡單的實驗，觀察一下：你生氣的時候，身體哪些地方會有反應？有的人會頭痛，有的人會胸悶，有的人肩膀會不由自主地聳起，有的人會握緊拳頭，有的人會腸胃緊縮。你呢？

這就是情緒與身體感受的關連。

**所謂「觀感受」，就是和你的感受在一起，專注地感覺它們。**練習的方法有兩種：

一、覺察自己的某種情緒後，去感覺那股情緒，專注感覺一到數分鐘。

二、覺察自己有某種情緒後，去感受那股情緒在身體哪個部位？專注在那個部位一到數分鐘。

如果你是初學者，一開始不要選擇太強烈的感受來練習，否則會招架不住，不妨先選擇輕微或不強烈的感受來練習。

如果你選擇第一種方法練習，可以先用情緒清單，覺察自己此刻有哪些情緒出現，再選擇其中一種情緒去感覺它。

**要特別注意的是：是去「感覺」情緒，而不是「思考」「分析」情緒，更不是去「回想事件」，只是去感覺情緒帶給你的不舒服。**

如果和情緒在一起對你而言太抽象了，你可以嘗試第二種方法：覺察身體感受。身體感受與情緒息息相關，如果你生氣時會感到頭痛，那就和頭痛在一起，去感覺頭痛帶給你的不舒服。如果你焦慮時會腹部緊縮，就去感覺它帶來的不舒服。

練習的重點，始終都是和感受在一起，而不是讓感受消失不見，這點非常重要。

**練習和感受在一起，其實就是在練習覺察與接納。**因爲接納了感受，你才會願意跟它在一起，如果你不想接納，一定會想逃避或忽略。

# 山居歲月

剛學習靜心的時候，常一個人上山。

山中有個小房子，是小舅所有，我從小受他照顧，他知道我喜歡這種環境，因此讓我有隨時入住的特權。我也老實不客氣，常背著小包袱，獨自上山，有時待一天，有時一住數日。房子的周遭數里之內罕有人跡，一般人可能受不了那種安靜與孤獨，但是我很享受，每次都會花大量的時間靜心，或者與自己、與大自然連結，或者閱讀靈性書籍，那為我的內在灌注更多的平靜、喜悅與自由。

我能享受安靜與孤獨，與個性脫離不了關係。

我自小不擅言詞，總是安安靜靜的，不僅習慣安靜，也喜歡安靜，這對於我深入學習靜心，有莫大的幫助。有一種靜心叫做「禁言」，也就是禁止說話。禁言的好處非常多，可以讓人與自己有更多連結。禁言兩、三天，對許多喜歡講話、擅長講話的人，是很痛苦的一件事，但對我來說卻很簡單，因為我在生活中就是如此安靜的人。

由於不擅言詞，我的朋友不多，所以我善於獨處，喜歡閱讀。這些特質，對於我這些年學習愛自己，學習各種身心靈課程，有莫大幫助。

一個人在山上，總是睡得特別多，特別熟。

在山上，物質生活簡化到極致，只剩下吃與睡。無網路可用，無棒球可看，無工作可做，無朋友可聊天，手機大多時間都關機，再加上帶上山的食物又剛好夠吃，唯一奢侈得起來的物質生活，就只剩下睡了。

我不是貪睡的人，但我懷疑自己平常睡眠不足，上山正好「還債」。山中又僻靜，沒有人為噪音，大自然的聲響是理想的催眠曲，我不只晚上睡，白天也睡——晚上萬蟲齊鳴，白天有時連風聲也沒有，比晚上更好睡。

物質生活簡化到了極致，不僅睡得更多，精神生活也更純粹。

## 放下頭腦，走向心靈

我喜歡閱讀，原先只在山上放了《蝴蝶食草圖鑑》以及托勒的幾本書，前者是為了確認大白斑蝶與食茱萸等等而準備的，後者則是每次上山都要讀的。托勒的書並不好讀，剛上山的那段期間，我也帶著塔雷伯的《黑天鵝效應》《反脆弱》等書，與托勒的書交替讀。**當時我尚未意識到，他們兩人的書其實具有某種象徵意義，意味著我正走到了人生最關鍵的交叉口**。

我喜歡托勒的書，也喜歡塔雷伯的。但是很奇怪，只要一讀塔雷伯，我的頭腦立刻開始急速運轉，不停發出各種聲音，哪怕闔上書本，頭腦仍舊停不下來，依然喋喋不休，這讓我感到疲憊與混亂。反之，只要一讀托勒，我的頭腦立刻慢下來，甚至可以寂然無聲，內在常能和窗外世界一樣寧靜、自在與輕鬆。

我能一路念到博士，接觸到的書幾乎都是塔雷伯式的，需要強大的頭腦才能讀懂。以往，我並不覺得有何問題，因為這是社會的主流價值，我也一直以自己有顆大頭腦為榮。我自然也還不知道，**我內外在所有痛苦、煩惱的根源，都在於**

**我太認同、太依賴這顆頭腦了。頭腦、理性、邏輯並沒有問題，過度認同、依賴才會帶來問題。**

是那陣子如此兩極的閱讀經驗，讓我無意中發現，除了頭腦，原來還可以用心靈閱讀；**除了混亂與緊張，原來人生還有另一種可能——寧靜與安然**。如果當初我帶上山的不是塔雷伯（讀他的書真是太耗腦力了），或許對托勒不會有那麼立即而深刻的體會，甚至可能會沿用舊習慣，繼續用頭腦閱讀托勒，那麼，我便會錯過重點，只能繼續受苦了。

生命安排這個看似巧合的事件，讓我在那人生的交叉口，做出了可能是這輩子最重要的決定——**放下頭腦，走向心靈**。

自此之後，我的閱讀胃口丕變，減少碰觸需要耗費腦力的書。當然，如果真要讀，我還是能讀完、讀懂，只是需要付出很大的代價——再度讓頭腦陷入喋喋不休之中，煩惱、混亂、痛苦又要因此滋生。我已嘗過平靜的美好，不可能，也不願意再走回頭路了。套句陶淵明的話：「吾駕不可回。」

除了托勒，我在山上也常閱讀與大自然相關的書，像是約翰．繆爾的《夏日山間之歌》、湯姆・布朗的《追蹤師》系列，以及亨利・大衛・梭羅的作品。我對大自然原本是疏離的，藉由山中閱讀，我逐漸親近大自然，從走入森林，到活在森林裡，我越來越了解生命，也越來越知道如何生活。

湯姆・布朗的《追蹤師》系列，提供切實可行的印地安人智慧，教我尊重大自然，以及如何在森林裡生活——

**「只要以適當的方式和大自然相處，而且不驚慌，大自然永遠不會傷害我們。」**

為此，我曾鼓起勇氣，嘗試各種生活實驗。

也曾赤身徒跣，戶外淋雨，體驗接納大自然的況味。

也曾坐在樹下，閉上雙眼，傾聽落葉紛飛、蟲鳥亂鳴。

而最有挑戰性的，莫過於練習接納對黑夜的恐懼。

山中獨居是如此適合我，唯一比較困難的是晚上。山中的夜晚多采多姿，光聽蟲響蛙鳴便知，但由於恐懼，我總是把自己鎖在屋裡，拉上窗簾，閉塞了感官，限制了雙腳。長夜漫漫，除了錯過星空，我還錯過多少事物呢？

第一次上山過夜前，小舅神祕地問我：「有個方法，可以讓你一個人安然度過每個夜晚，你想知道嗎？」

我點點頭，太想知道了。

「不要自己嚇自己。」

小舅進一步解釋：

「山上到了半夜，總會有一些夜行性動物出來活動，他們會發出叫聲，會留下腳步聲，這是再正常不過的。」

我聽了大笑，卻又不得不佩服，這真是言近旨遠的智慧呀。

在小舅的提醒下，我循序漸進地練習接納對黑夜的恐懼。

## 挑戰摸黑上山的驚險之旅

第一個練習，是在晚上就寢時，一面感受自己對黑夜的恐懼，只是感受，不去思考；一面聆聽自己腦中的聲音，觀察我的想像力如何因恐懼的驅使，產生各種胡思亂想。經由感受內在、聆聽大腦，恐懼慢慢散去，我在唧唧的蟲鳴中睡去，在清晨的陽光中醒來。

第二個練習，是在入夜後關燈，獨坐於漆黑的門外，專注而警覺地感受恐懼流竄全身。當然，為了安全起見，大門就在我身後，萬一真有不對勁，我可立刻轉身進屋。

第三個練習，是摸黑上山，這是最有挑戰性的。

那幾年，我上下山的交通工具都是公車加雙腿，先搭一個半小時的公車，來到渺無人煙的山腳，再走半小時的山路。

白天行走山路，還滿有趣的，經常能和小動物不期而遇，像是躺在路中央的青竹絲，或者在防護堤上和我比賽短跑的蜥蜴。

最有趣的一次，是在上山途中遇到一隻大鳥。我原本並未發現牠，因為從沒料到會有那麼大隻的鳥在路上逗留，是牠的騷動引起了我的注意——牠似乎很意外我的出現，受到驚嚇後，張開翅膀，連滾帶爬拖行了十幾公尺，才想起自己會飛，於是展翅高飛。

這一幕把我逗樂了，沒想到平日看似優雅的大鳥，也會有如此狼狽、笨拙的時候。遺憾的是，我當時走路太不臨在，失去了近身觀察的機會。在那之後，我上下山皆盡可能放輕腳步，保持警覺，以迎接各種不期而遇。

有次，在一個轉角處，有隻小動物以屁股朝向我，牠的頭則鑽進草叢中，我們相距不到十公尺，牠完全沒察覺到後方有人。我第一時間以為是野狗，在山上遇到野狗可不是好玩的，但又覺得不像。

此時，我犯了大錯，太貪功躁進了，如果能像湯姆・布朗說的，先停下不動，再配合周遭的風吹草動緩慢前進，也許能看清這隻小動物的真面目，甚至觀察牠的生活。可惜我只是放慢腳步，並未停下，來到轉角時，僅看到草叢一陣晃動，並傳來窸窣的聲音，牠跑掉了。

我佇立原地，悵然良久。那絕對不是狗，狗不是這樣的習性。瞧那背影，比較像是山羌，小舅曾在此地遇過山羌和石虎。

白天在山中行走，還挺有趣，但夜裡就沒那麼好玩了，我得比白天更專注，更警覺，也必須走得更慢。

第一次摸黑上山，還滿順利的，沿途雖無路燈，但天空清朗無雲，月光、星光使得小路依稀可見，我很順利走過一個又一個岔路，來到山中小屋。

第二次摸黑上山，就沒那麼順利了。那晚沒有月光、星光，山中飄著細雨，地上泥濘不堪，夜色更顯得暗沉。偏偏不知怎麼搞的，我在第二個岔路口走錯了。一開始，只覺得景色不同以往，該出現的橋沒出現，該攀附在牆上的鞭炮花也一直沒看到，路倒是越走越窄。心中雖生疑惑，但以為是太久沒來，加上天色太暗，也許錯過熟悉的景物了。

直到撞見了一戶燈火通明的人家，我不禁心頭一驚，陡然停下腳步——哪來的房子？我怕是走入聊齋世界了吧？深夜，一個趕路的書生……我遲疑了一會兒：該上前問路嗎？要怎麼問呢？我要去的地方，是沒有住址，沒有門牌的。再說，莫道是我進入聊齋世界，恐怕對方更覺得我是聊齋中人吧。

正遲疑間，兩條狗從屋中跑了出來，朝我狂吠，我背脊一涼，決定撤退，原路折返。此時下山已無濟於事，絕無人、車經過，雨勢又有越來越大的跡象，我只好回到原先的岔路口，易道而行，繼續上山。

應該是另外這條路沒錯吧？之前的信心全沒了，步步驚心。

幸好，手電筒始終亮著，雨勢始終撐著，我的腿也還行。

看到第一座橋，確定了橋名，心裡踏實了一些。每到一個岔路口，便停下細思，徐徐而行。而後，鞭炮花有了，大陸坡也出現了。不知走了多久，背上的汗水如蛇般在衣服裡竄動，總算來到了山中小屋。

在門前，往背包裡一摸，手一顫抖——鑰匙，有帶吧？

有！

那真是有驚無險的一次經驗。

這類生活實驗的靈感，大多得自湯姆．布朗的《追蹤師》系列。

我也喜歡梭羅，能找得到的中譯本都帶到山上挑燈夜讀。蟲聲唧唧，涼風習習，我最愛的仍是《湖濱散記》，甚至蒐羅了數種譯本，詳加對照。

梭羅對我最大的教導是——**「簡化，再簡化！」簡單的物質生活，豐盛的精神生活，是值得追求的目標。**

當然，山中讀得最多的，還是托勒。不只讀，還勤加練習，除了觀想身體，觀想感受，觀想呼吸，觀想內在，也練習從大自然裡汲取更多的靈性力量，例如：專注聆聽山中的空寂之聲，讓外在的靜默流入內在，帶出祥和、平安之感……

## 大自然是永遠讀不完的書

在山中，除了閱讀這些紙本書，大自然更是一部永遠讀不完的書。

清晨，我在五色鳥「叩叩」的叫聲中醒來，披上外套，帶著望遠鏡和小板凳，走到戶外觀鳥，一坐就是一、兩個小時，直到陽光漸豔，才回屋中看書或睡覺。

傍晚，蟬聲四起，提醒我又該外出了。我可以花一個小時，坐在門前，就為了貪看一隻大白斑蝶飛行。也可以站立二十分鐘，隱身在柑橘樹後，定靜不動，只為了偷聽兩隻小巧可愛的鳥在講些什麼（牠們離我不到一公尺，絲毫沒有察覺到我）。

植物的定靜與鳥類的靈動，是大自然的兩個面向，都值得觀察與欣賞。**大自然不僅是可讀的書，還是可聆聽的「有聲書」**。蟲鳥蛙鳴之外，風聲也是悅耳的——吹過一般的樹，會發出海浪般的聲音；吹過樹葉，則宛如人的腳步聲。但我最喜歡的，還是風吹竹林，竹子彼此撞擊的嘎嘎聲，頗有胡金銓武俠片裡的神祕氣氛，特別在夜裡。

有時，鳥飛到別的樹林了，青蛙打盹，風也歇息，寂然無聲是宇宙間至高至美的聲音，此《老子》所謂「大音希聲」也。這時，我會放下書本，專注聆聽戶外的無聲之聲，將外在的平靜帶入內在。

上山之後，一切變得如此單純。

當年，我的生活拮据，除了兼課與偶爾的演講邀約，工作、收入並不多，有的是時間。常一個人帶著一堆水果和少許蔬菜上山，便足夠幾天吃得健康而豐盛。山中無事，或讀書，或寫作，或晝寢，或靜心冥想，或無所事事，或於特定季節看螢火蟲，皆極愜意、自由，我的內在日趨寧靜、平和與豐饒，身心狀態也越來越好，甚至想當個自了漢從此遠離人群，逍遙山林，不下來了。

誰知，最後還是回到城裡來了。

如今，我已很少上山，因為靜心時間久了，成為習慣，在喧囂的城市裡靜心，其實也能跟在山上靜心的效果一樣好，在哪裡靜心，也就沒那麼重要了。

謹以此文，紀念那段意義重大的山居歲月。

## 練習17 聆聽周遭的聲音與寧靜

邀請各位，在生活中去專注聆聽周遭大自然的聲音，像是風聲、雨聲、鳥叫、蟲鳴，**去感受大自然如何藉由聲音，將平靜與喜悅帶入你的內在**。你不一定要住在山上，才能有此體驗，只需在生活中多加留意，便能得到大自然的恩賜。

Eurasian Publishing Group
圓神出版事業機構
用心與你對話．網野無限實廣

究竟出版社
Athena Press

www.booklife.com.tw reader@mail.eurasian.com.tw

New Brain 037

# 重啟人生的17個練習

作　　者／羅志仲
發 行 人／簡志忠
出 版 者／究竟出版社股份有限公司
地　　址／臺北市南京東路四段 50 號 6 樓之 1
電　　話／（02）2579-6600．2579-8800．2570-3939
傳　　真／（02）2579-0338．2577-3220．2570-3636
郵撥帳號／ 19423061 究竟出版社股份有限公司
副 社 長／陳秋月
副總編輯／賴良珠
專案企畫／沈蕙婷
責任編輯／沈蕙婷
美術編輯／蔡惠如
行銷企畫／陳禹伶．鄭曉薇
印務統籌／劉鳳剛．高榮祥
監　　印／高榮祥
校　　對／沈蕙婷．周婉菁
排　　版／杜易蓉
經 銷 商／叩應股份有限公司
法律顧問／圓神出版事業機構法律顧問　蕭雄淋律師
印　　刷／祥峰印刷廠
2023 年 11 月　初版
2024 年 3 月　 4 刷

定價 360 元　ISBN 978-986-137-418-5

對一個生命的失落者而言，最重要的可能不是什麼實質的幫助，而是深深的接納。

接納，真是一份無比珍貴的禮物。由於曾被接納，我逐漸能接納自己，而後，也開始有能力給出這份禮物，去接納身邊的人。

——《重啟人生的17個練習》



國家圖書館出版品預行編目資料

重啟人生的17個練習／羅志仲 著. -- 初版. -- 臺北市：究竟出版社股份有限公司，2023.11
272面；14.8×20.8 公分 --（New Brain；37）

ISBN 978-986-137-418-5（平裝）

1.CST：自我肯定　2.CST：自我實現　3.CST：生活指導

177.2　　112015845